教育产品属性与天津市
教育投入的比较分析

武彦民　竹志奇　著

中国财经出版传媒集团

经济科学出版社
Economic Science Press

图书在版编目（CIP）数据

教育产品属性与天津市教育投入的比较分析/
武彦民，竹志奇著．—北京：经济科学出版社，2019.3
ISBN 978 - 7 - 5218 - 0425 - 6

Ⅰ．①教…　Ⅱ．①武…②竹…　Ⅲ．①地方教育 -
教育投资 - 研究 - 天津　Ⅳ．①G526.7

中国版本图书馆 CIP 数据核字（2019）第 058143 号

责任编辑：赵　芳　王　莹
责任校对：王肖楠
版式设计：齐　杰
责任印制：邱　天

教育产品属性与天津市教育投入的比较分析

武彦民　竹志奇　著
经济科学出版社出版、发行　新华书店经销
社址：北京市海淀区阜成路甲 28 号　邮编：100142
总编部电话：010 - 88191217　发行部电话：010 - 88191522
网址：www. esp. com. cn
电子邮件：esp@ esp. com. cn
天猫网店：经济科学出版社旗舰店
网址：http://jjkxcbs. tmall. com
北京财经印刷厂印装
710×1000　16 开　13.375 印张　210000 字
2019 年 4 月第 1 版　2019 年 4 月第 1 次印刷
ISBN 978 - 7 - 5218 - 0425 - 6　定价：42.00 元
（图书出现印装问题，本社负责调换。电话：010 - 88191510）
（版权所有　侵权必究　打击盗版　举报热线：010 - 88191661
QQ：2242791300　营销中心电话：010 - 88191537
电子邮箱：dbts@ esp. com. cn）

前言
Preface

　　本书是在作者承接完成的天津"十二五"教育科学规划重点课题《我市教育经费保障体系及其投资结构问题研究》结项报告基础上，经大量的补充修改完成的。鉴于本课题是为编制天津"十三五"教育发展规划服务的，因此，本书中作为测算依据的数据大部分截至 2015 年。也因为本书成稿于"十三五"中期，本书测算的有关天津"十三五"时期各年教育投入的数值也部分采用了实际数据，以便总体上降低预测数据与实际数据之间的差距。众所周知，天津近几年由于某些"黑天鹅"与"灰犀牛"事件叠加，导致经济增长持续下滑，增速排名屡屡垫底，引起财政收入和财政教育投入不断下降，不仅导致依照历史数据编制的"十三五"教育经费保障数据失真，更使天津教育事业发展受到拖累。

　　在世界范围内，教育都是具有强烈公共性的准公共品，这是世界各国纷纷对教育倾注巨大财力的基本理论依据。作为准公共品，教育是私人性和公共性的统一。教育的私人性主要体现在效用的可以分割性、生产和消费的排他性和竞争性、受教育权有偿获取等方面；教育的公共性主要体现在教育能够培养受教育者的公共意识、引领社会进步、传承人类文明、提供创新基石、维护社会稳定、增强制度自信等方面。同样作为准公共品，我国教育事业发展过程中，也诞生了体量巨大、错综复杂的教育市场，不同的教育流程、不同的所有制构成、不同的成本补偿方式、不同的提供领域等，都提供了教育市场生存和发展的肥沃土壤。总体上看，我国教育产品的准公共性有着结构各异、纵横交错的内部构成，诸如，义务教育阶段的弱市场（强公共）与非义务教育阶段的强市场（弱公共）、普通学校教育的弱市场与校外教育的强市场、公立学校的弱市场与民办教育的强市场、学习领域的弱市场与生活领域的强市场、学校集体组织的弱市场与学生分散自发的强市场、官方认为的弱市场与真实发生的蓬勃兴起的强市场，等等。对这种复杂的市场化景象或准公共性景象，必须在摸清底数、确定目标的基础上，进行综合治理，方能为我国教育事业提供规范、公平、高效、清洁的发展环境，也才能为准确确定各层级的教育投入提供基本依据。

我国教育作为准公共品有着漫长的发展进化历程。尽管在封建社会和半封建半殖民地社会，国家财政也对教育进行着一定程度的经费保障，但因为总体上接受教育属于"小众"现象，这从根本上制约着当时教育公共性的发育。中华人民共和国成立后，国家性质改变和经济逐步发展，为教育公共性提供了制度基础和经济基础。尽管在开始阶段我国教育事业也存在保障重心措置等问题，义务教育不义务，非义务教育阶段却大力保障，但伴随着改革开放、经济腾飞、法制建设日渐深入，我国财政对教育事业的保障逐步实现了各归各位，教育事业发展成效斐然。当然，也因为对教育的准公共性认识不到位和教育治理方式落后等，我国教育确实存在过分市场化问题，一定程度上侵蚀了教育的公平性，损害了普通民众的平等受教育权利。基于公共事业发展规律和财政分配运行规律（即"瓦格纳定律"），我国财政必须承担更加重大的教育事业发展责任。

教育的准公共性体现在教育事业发展有着多元化的经费来源结构。本书从教育投入与经济发展，财政性教育投入与预算内教育投入，不同教育阶段的公用经费投入和主要经费来源结构，不同地区间和不同教育阶段的经费来源结构，义务教育阶段和高等教育阶段学杂费、财政拨款、社会捐助的投入结构等方面，选择了全国①、北京、上海、重庆、河北、天津六个参照对象进行教育投入的全方位

---

① 不包括香港、澳门、台湾。

分析。总体上看，财政性投入特别是预算内资金投入是所有教育投入的主体，这是对我国教育产品公共性的极好证明。而且，不管是总量教育投入，还是分层次教育投入；不管是投入总额，还是生均投入；不管是各教育层级的投入，还是各来源渠道投入等，它们都与经济发展水平、发展质量、财政投入能力、教育投入偏好程度、教育规模、平均教育层次、办学水平、教育结构、教育财务管理水平、教育财政体制等因素有直接关联，同样也会促进这些教育投入因素的改善。

既然本书的成书基础是我们承接的一项关于天津"十三五"时期教育经费保障和投入结构的教育科学规划课题结项报告，因此，我们在此也对天津"十三五"时期各年份、各主要教育阶段的教育投入指标进行了测算，测算结果已经汇总在第六章中了。毫无疑问，测算结果与实际数值还是有一定差距的，其中既有测算方法的科学性问题，也有测算依据实际变化的复杂性问题。只能留待将来继续提升测算水平了。

本书由武彦民、竹志奇联合主编。其中第一章、第二章主要由武彦民执笔，其余章节主要由竹志奇执笔。张宝贵老师和车维平老师参与了教育规划课题结项报告的撰写工作。另外，王继雪、杜芳蕊、郭璐璐三位研究生参加了部分章节的写作。

武彦民

2019 年 1 月

目录
Contents

第一章

教育产品的公共品特质

教育是指在一定条件下，根据社会需要，对受教育者的智力、素养、体质进行系统训练与提升的活动。教育概念有广义和狭义之分，广义教育指社会在提升受教育者精神文明、智力开发、身体素质等方面进行的所有有目的的活动；狭义教育仅指学校教育，指由专门教育机构对学生各方面知识、能力、素养进行的系统训练。本书讲的教育主要指狭义教育。纵观当今世界各国，教育都是作为事关国家强盛与否、民族兴衰与否、社会进步与否、民生改善与否的重要产品或服务，成为重要的财政保障对象。理论分析早已证明，教育是具有效益外溢性、效益长远性、效益基础性的具有明显公共性的物品或服务。按照私人品与公共品此消彼长的消费结构变迁理论，随着社会经济的发展，公共性物品在人们消费结构中的比重，从而在生活水平中所占权重处于不断上升之中，其中的教育服务也会循着同样的发展趋势愈益得到强化。因此，我们要研究天津"十三五"时期教育发展中的资金保障及配置结构问题，理论基础就是教育的公共品属性问题。

一、公共品理论的发展历程

公共产品（public goods）[①] 理论，最早源于英国著名学者霍布斯（Thomas Hobbes），在其所著的《利维坦》（Leviathan）一书中，他提出了社会契约理

---

① 约瑟夫·E. 斯蒂格利茨著，平新乔、胡汉辉译. 经济学（第二版）[M]. 北京：中国人民大学出版社，2001.

论和利益赋税理论。他指出："国家的本质是一大群人相互订立信约，每个人都对他的行为授权，以便使他能按其认为有利于大家的和平与共同防卫的方式，运用全体的力量和手段的一个人格。承当这一人格的人就称之为主权者，取得这种主权的方式有两种，一种是通过自然之力获得，例如一个人使其子孙服从他的统治就是这样；另一种方式，则是人们相互达成协议，自愿服从一个人或一个集体，相信他可以保自己来抵抗所有其他的人，后者可以称为政治的国家，或按照契约建立的国家，前者则称为以力取得的国家。"① 这是公共物品理论最为重要的思想渊源。

英国著名的哲学家大卫·休谟（David Hume）1740 年在其著作《人性论》中提出了"搭便车"（hitchhiking）的问题②。他在书中举例道："两个邻人，同意排去他们共有的一片草地中的积水，因为他们互相了解对方的心思，而且每个人都可以看到，自己不去执行任务，后果就是整个计划都失败了。但要使一千个人同意这样一种行为，乃是十分困难的，某种意义上讲，这几乎是不可能的，每个人都在寻找借口，想使自己省去麻烦和开支，而把全部负担转嫁在他人身上。"文中虽然没有明确地提出公共产品概念，但已经触及了公共产品理论的核心问题，即人类存在利己的本性，而且存在共同需要，共同需求的供给过程存在坐享其成的心理与可能性，因此需要政府参与公共品的供给，克服弊端。在大卫·休谟之后，亚当·斯密（Adam Smith）对公共物品和私人物品进行了较为明确的区分，他在《国富论》中将自由市场比喻为"一只看不见的手"，并且明确提出了政府应该履行的职能和责任③。国家只需要提供最低限度的公共服务，充当"守夜人"（night watchman）的角色即可，其中主要包括国家安全、社会安全、司法制度、公共事业等公共服务。这在本质上对公共品作出了一个初步的分类。约翰·穆勒（John Stuart Mill）进一步将政府违背所谓"放任自由主义"的情况分为"一般性职责"和"选择性职责"，并且详细列举了修建道路、道路照明、修建海港和灯塔的例子，指出政府具有除了使得居民避免遭受暴力和欺诈等公共安全职能，还应供应上述公共服务，这其中

① 哈维·S. 罗森著，平新乔译. 财政学（第四版）［M］. 北京：中国人民大学出版社，2000.
② 休谟著，关文运译. 人性论［M］. 北京：商务印书馆，1980.
③ 亚当·斯密. 国民财富的性质和起因的研究［M］. 北京：新世界出版社，2007.

已经蕴含着公共品的思想了。事实上,包括维克塞尔(Knut Wicksell)、亚当·斯密(Adam Smith)、大卫·李嘉图(David Ricardo)、马歇尔(Alfred Marshall)、帕累托(Vilfredo Pareto)、凯恩斯(John Maynard Keynes)、林达尔(Erik Robert Lindahl)等诸多经济学家的研究也不同程度地涉猎"公共物品问题"。

在1954年和1955年,美国著名经济学家萨缪尔森(Paul A. Samuelson)相继发表了两篇关于公共产品的重要论文,分别是《公共支出的纯理论》[①]和《公共支出理论图解》[②],对于什么是公共产品给出了迄今为止最为明确也最为精确的理论界定。围绕着非竞争性这一特征,他清晰地界定了私人物品和公共物品的边界。受萨缪尔森的启发,马斯格雷夫(Richard Abel Musgrave)在《公共财政理论》中从公共产品关联性的角度,将公共物品在消费上的非竞争性和非排他性并列,从而明确了公共物品的这两种属性[③]。此后,德姆赛茨(Harold Demsetz)、弗里德曼(Milton Friedman)、阿特金森(Anthony Barnes Atkinson)和斯蒂格利茨(Joseph Eugene Stiglitz)以此为思路,对公共产品的内涵进行了进一步的讨论。这一时期的西方经济学者主要从产品属性角度,区分公共产品的概念,界定公共产品和私人产品的边际。根据萨缪尔森的经典定义,公共物品天生具有非竞争性和非排他性,在现实世界中难以利用市场机制,找到一个可以实现资源有效配置的价格体系来控制公共物品的消费。当然,有关公共物品的此类理论有其特定的历史和社会背景因素在里面。在20世纪中期,新自由主义学派开始萌芽发展,对凯恩斯国家干预经济理论提出强烈的质疑,为了维护国家干预经济的合理性和正当性,以萨缪尔森和马斯格雷夫为首的新古典综合学派通过给出公共产品的明确定义,为政府垄断公共产品的生产和供给,从而全面干预市场经济运行提供了理论支撑。

萨缪尔森的经典定义主要从物品自身的消费特性出发,将物品绝对地划分为私人产品和公共产品两类,而忽略了其中的中间地带——混合物品即非纯公

① Samuelson P. A. The Pure Theory of Public Expenditure [J]. Review of Economics & Statistics,1954,36(4):387-389.

② Samuelson P. A. Diagrammatic Exposition of a Theory of Public Expenditure [J]. Review of Economics & Statistics,1955,37(4):350-356.

③ 龚六堂. 公共财政理论 [M]. 北京:北京大学出版社,2009.

共品的存在，这导致萨缪尔森的公共物品理论缺乏对于现实的指导意义，具有较大的局限性。

首先，无法严格确定某些物品的消费属性。例如教育，严格的经典定义倾向于把教育定位于私人物品，毕竟仅就消费者直接消费行为而言，教育有比较明显的竞争性和排他性——我付费，我接受教育；你没有付费，不能接受教育。但在现实中，因为教育相对于社会发展和人类文明进步等而言，具有显著的正外部性，政府更加倾向于以补贴和免费的方式向社会提供甚至直接生产大量的公共教育，供国民廉价或免费享用。与此相类似的还有医疗服务、廉租房、文化事业等，均被视为准公共产品。斯蒂格利茨在《经济学》一书中指出，教育是由公共提供的纯私人物品，对分配因素的考量赋予了其公共品的性质①。

其次，没有考虑到公共产品的属性是否具有可变性。公共物品的经典定义以物品属性的确定性和不可变动性为前提。对公共物品的界定与区分只是对既定属性的物品的消费特征进行静态判断，但问题是因社会经济发展水平、生产和消费环境以及技术条件的改善，使某些公共物品也具有排他和竞争的可能，这样对公共物品（也包括私人物品和混合物品）的身份认定就具有了很强的时效性。原本由政府提供的，具有公共属性的物品会转由市场生产和供给。越来越多的学者开始认识到，公共物品的非竞争性和非排他性特征的改变会越来越经常性地影响到物品的本来属性，很有必要在坚持经典定义的同时进一步发展公共物品的界定方式研究。哈维·罗森（Harvey S. Rosen）指出："对公共品的划分不是绝对的，要取决于市场和技术条件。当读者不多的时候，一个大图书馆的阅览室是公共品。但是随着读者数量的增加，就产生了拥挤和交通不便的问题，这不利于严肃的学术研究。每个人对图书馆的消费在数量上相同，但是因为拥挤，消费的质量下降了。""想一想处于高峰期的闹市区的街道。在大多数情况下它有非排他性，因为不可能设置足够的收费亭来监控交通。但是消费当然是竞争性的，任何一个曾经遭遇过塞车之苦的人可以为之证明。……人们正在评估这样一种技术，它可以利用电波来鉴别经过的车辆，并且自动从预先付款额的账号中扣除过路费（加利福尼亚、新泽西、纽约和其他

---

① 平新乔，胡汉辉. 斯蒂格利茨《经济学》第二版［M］. 北京：中国人民大学出版社，2001.

一些州正在做这样的测试）。如果这种技术有效，人们就可能对那些经过拥挤的街道的车辆进行收费——这些街道就会变得具有排他性。"①

最后，难以解释供给方式转变条件下的物品属性。除上述难以解释的问题外，当技术情况和制度安排都没有实质性地改变和影响物品的消费特征时，经典定义对于公共部门提供私人物品这一现象，没有办法给出比较合理的解释。政府提供了很多具有竞争性和排他性的物品，医疗服务和住房就是两个常常由公共提供私人物品的例子。同样，公共物品也有可能由私人来提供，以垃圾回收为例，有些地区自己提供这项服务，公共部门的管理者购买垃圾车雇佣工人安排日程，一些其他地方的地方政府则通过私人企业来做这些工作，自己并不组织生产。近些年来风靡中国各大城市的"共享单车"也是这样的例子。在很多城市，同时存在地方政府提供的"共享单车"和私人企业提供的"共享单车"，由于"共享单车"具有较强的正外部性，按照道理来讲应该可以由政府作为公共品提供，但现实中的情况是，不仅政府提供了这项公共服务，私营企业也提供了这项服务。

随着经济理论的发展，政府供给公共产品所暴露出的诸多问题，引起了人们更加深入的思考。詹姆斯·布坎南（James M. Buchanon）突破了传统基于消费特征判断物品属性的思维定势，从供应公共产品的组织出发，认为公共产品是由供给过程决定的，与产品和产品本身的消费特征无关。也就是说一旦某种商品进入公共组织部门供给的范围就可以将其视为公共物品，如保障房、教育等。在《俱乐部的经济理论》一文中，布坎南给出了"俱乐部"（club）的概念，"一种消费、所有权在会员之间的制度安排"。该理论认为，物品本质上并无"公""私"之分，只是最优会员数量不同而已。纯公共品的最优会员数量为无穷，而私人品为1。② 这样可以将大多数物品概括为：具有一定消费群体规模，处于私人物品和纯公共品之间，具有一定程度"公共性"的产品。布坎南的俱乐部理论弥补了萨缪尔森单纯二分法对私人产品和纯公共品之间的商品分析的缺失。

---

① ［美］哈维·S. 罗森著，平新乔译.《财政学》第四版［M］. 北京：中国人民大学出版社，2000.

② Buchanan J. M. An Economic Theory of Clubs［J］. Economica，1965，32（125）：1 – 14.

二、公共品定义

公共物品（public good）是满足社会成员共同需要的物品①。1954 年，美国著名经济学家萨缪尔逊（Paul A. Samuelson）首先提出公共物品的概念："每个人对这种物品的消费，都不会导致其他人对该种物品消费的减少。"1954 年，萨缪尔逊在著名论文《公共支出的纯理论》中运用数学方式描述了纯公共物品的含义。他认为，对于私人产品而言，其社会总消费量等于所有个人消费量（额）的总和。因此，假设第 i 个人消费的第 j 种私人物品的量为 x_j^i，那么对于第 j 种商品的消费总量为个人消费量的加总，即 $x_j = \sum_{i=1}^{I} x_j^i$，其中 $j = 0，1，2，\cdots，J，I$ 为消费者总人数，J 为消费品总的种类。而对于公共品而言，第 i 个消费者消费第 k 种公共品的消费量是 x_k^i，那么对于第 k 种公共品的消费总量并不影响公共品的数量，即 $x_k = x_k^i$，其中 $k = 0，1，2，\cdots，K，K$ 为公共品总的种类。私人物品消费带来的效用是可以在物品之间或消费者之间进行分割的，社会对某种私人物品的需求总量是所有个人需要量的数学加总，在市场均衡图形上表现为，社会需求曲线是所有个人需求曲线的横向相加。但纯粹公共物品的效用只有一份，不可能在消费者之间进行切割，比如国防安全，其效用作为一个整体是普施于全社会，不可能在消费者之间划分，尽管面对同样的国防安全，不同消费者获得边际效用不同，从而有不同的公共物品"价格"表达。

作为纯公共产品，它所对应的消费需求是所有社会成员的共同消费。根据消费主体的集中程度不同，人类的消费活动可以分成两大类：一类是私人个别消费需求，另一类是社会成员共同消费需求。前者是满足某一单位社会成员个别消费的行为，后者是满足全体社会成员共同消费的行为。关于私人个别需要和社会共同消费需求的关系，马克思在谈到不同分配方式使曾指出："在如何社会生产（例如，自然形成的印度公社，或秘鲁人较多时人为发展的共产主义）中，总是能够区分出劳动的两个部分，一个部分的产品直接由生产者及其家属用于满足于个人的消费，另一部分即始终是剩余劳动的那个部分的产品，

① 武彦民，陈旭东，张平．《财政学（第二版）》［M］．经济科学出版社，2017：15.

总是用来满足一般的社会需要，而不问这种剩余产品是怎样分配，也不问谁执行这种社会需求的代表职能。"① 在社会发展的现阶段，社会成员私人个别消费需求依然构成人类消费需求的主体，通常情况下也是人们感受最直接、关注程度最高的需求种类。满足私人个别需求的物品或服务属于私人物品。但是，尽管社会共同需求在现阶段尚不构成人类消费行为的主体，人们对社会共同消费需求的感受程度和关注程度远不及对私人个别消费需求那么强烈，但是，毫无疑问的是，随着社会发展和进步，共同消费需求的满足程度对人们生活水平的影响程度会愈益重要，满足共同消费的物品或服务在全部消费品占的比重会越来越大，将来必将成长为决定人类生活质量的主要因素②。

三、公共品的特征

同私人物品相比，纯粹公共物品（pure public goods）的根本特征是效用的不可分割性。但如前所述，私人物品消费带来的效用是可以在物品之间或消费者之间进行分割的，社会对某种私人物品的需求总量是所有个人需要量的数学加总，在市场均衡图形上表现为，社会需求曲线是所有个人需求曲线的横向相加，如图 1.1（a）所示。但纯粹公共物品的效用只有一份，不可能在消费者之间进行切割，比如社会稳定或大气污染治理，其效用只能作为一个整体是普施于全社会，不可能在消费者之间划分，只是每个消费者对其持有的效用评价不同，内心里愿意为此支付的价格也不尽相同，如图 1.1（b）所示。

图 1.1 描述的是 A、B 两个消费者分别在私人物品和公共物品中面对的供求均衡过程，D_A 和 D_B 是他们各自具有的需求曲线。私人物品的需求总量是每个消费者需求量的和，因此，在私人物品供求均衡图形（a）中，总需求曲线 DD 是 A、B 两条需求曲线 D_A 和 D_B 的横向相加。公共物品的现实供给量是一定值，但每个消费者的效用评价不同，因此，在公共物品的供求均衡图形（b）中，总需求曲线 DD 是两条需求曲线 D_A 和 D_B 的纵向相加。

---

① 《马克思恩格斯全集》第 25 卷［N］. 北京：人民出版社，1972：992 – 993.
② 关于社会共同消费在总消费行为中比重越来越高的趋势，财政学界耳熟能详的"瓦格纳定律"会从另一角度给出证明：随着社会经济的发展，财政支出占经济总量的比重在上升——财政支出正是为满足共同消费需求提供资金保障的主要方式。

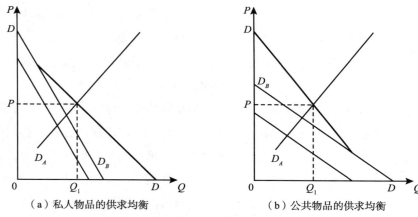

（a）私人物品的供求均衡　　　　（b）公共物品的供求均衡

图 1.1　私人物品和公共物品的供求均衡

在效用不可分割性的基础上，纯公共物品具有非排他性和非竞争性的比较表面化的特征，这和私人物品的排他性和竞争性形成鲜明对照。对于纯私人物品来说，排他性是它们能够在消费上实现的必要条件——获得者消费该物品，其他人就不能消费；竞争性是私人物品能够实现的充分条件——人们必须通过竞争（通常情况下是竞相出价方式）才能获得私人物品的消费权力，当然其边际消费成本肯定不是零，而且私人物品在生产或供给上也会表现为竞争式生产或供给。

纯公共品的非排他性指公共物品在消费过程中产生的利益不能被某个消费者所独享，或者说，一个人不管付费与否，都会得益于该种物品。[1] 它有两个含义：（1）公共物品的提供者在技术上难以将不付费的消费者从受益者行列中排除出去，或者排除成本过高；（2）任何人消费公共物品不排除别人同时消费。公共物品的非排他性使得私人（在此仅指以谋利为行为动机的人）不可能介入公共物品的提供过程，通常也不会有强烈欲望参与公共品的提供，因为非排他性的存在使得提供者难以通过制定价格或收费标准来获得对提供成本的补偿，更谈不上获利，导致提供过程的不可持续。也正因为非排他性的存在，会在公共品消费领域形成大量"免费搭车者"（free rider），即坐享公共物品带来的利益，却不愿意承担相应费用的人。如果人人争当"免费搭车者"，

---

① 郭庆旺，赵志耘．财政学［M］．北京：中国人民大学出版社，2002：97.

只想坐享其成，不愿做出牺牲，结果就是公共物品无人提供，公共需要无法满足，社会利益受损。

纯公共品的非竞争性指一个人消费公共物品并不影响其他任何人的消费①，或者说许多人可以同时消费公共物品。它也有两个具体含义：一方面公共物品只能由国家独自"垄断式"提供，其他社会成员一般不直接参与公共物品的提供过程，这当然与公共品的非排他性和"免费搭车者"的大量存在有关；另一方面指在一定区间内，公共物品边际成本是零②，即消费者的增加不引起提供成本的额外增加，因此，公共物品不需要消费者通过出价竞争获得消费权力。正因如此，非竞争性消费（non competitive consumption）有时也被称为集体消费（collective consumption）、共同消费（common consumption）或受益的不可分性（inseparability of benefits）。

在现实中，纯公共物品最典型的特征是免费提供。这和私人物品的市场交换形成强烈对比。从直接意义上说，人们消费公共物品，无须付出代价，自然，公共物品的消费权力和消费者的支付能力不发生任何关系，家财万贯者和家徒四壁者具有同等的公共物品消费权力。公共物品和私人物品在提供方式上的区别可通过图 1.2 表示。

在图 1.2（a）描述的纯公共品供求均衡过程中，在由消费者边际效用水平决定的需求曲线作用下，消费者会一直将需求量扩张到边际效用为零的水平上，图中显示为 Q_1，如果政府保质保量提供的话，全部供给成本会高至 Q_1P_1，当然，如果政府不能提供如此多的数量，那么消费者就不能在边际成本为零的状态下获得足量公共品的消费。而在图 1.2（b）描述的纯私人品供求均衡过程中，假设这是一种完全自由竞争市场，私人会在 Q_1 的供求数量和 P_1 的价格上获得均衡。

---

① ［美］哈维·S. 罗森著，平新乔等译.《财政学》（第四版）［M］. 北京：中国人民大学出版社，2000：49.

② 严格地讲，纯公共品的边际消费成本为零，只能建立在一定范围内，因为在实际中，只要消费量无限增加下去，肯定会在某一节点上出现边际消费成本不是零的情况，即使十分典型的公共品，诸如国防安全、社会安全、环境保护、社会秩序、基础设施等，也会在消费需求聚集到一定限度后，如继续增加消费需求，也必须增加公共品的提供规模和品质，导致边际消费成本大于零。

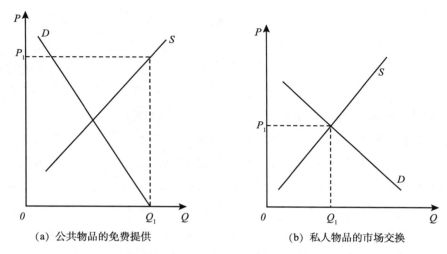

图1.2　免费提供的公共物品和市场提供的私人物品的区别

四、天然性公共品与制度性公共品

现实中国家免费提供的公共物品和上面理论上界定的纯粹公共物品之间是有差异的。比如义务教育，其效用其实是可分割的，其在技术上也很容易实现排他性和竞争性，目前的"贵族小学"、以前的"私塾"都是该阶段教育通过市场提供的极好例证，甚至从根本上讲，现在的义务教育首先是私人物品，它满足一般私人物品所有属性。它在现阶段之所以能够取得公共物品的身份，由国家免费提供，并非其天然禀赋使然，完全是国家根据自己对社会经济发展规律的认识，以及义务教育阶段在当今普通民众的日常生活中的普遍性、基础性地位等，而由国家人为规定的结果。这种物品相对于纯公共品或私人品，只具有非排他性，不具有非竞争性（边际成本不是零，而且在教育资源一定条件下，接受义务教育者太多，教育质量也会下降）。因此，现实中公共物品根据产生的原因的不同，可以分为两类：一类是天然性公共物品，这种物品因为具有效用的不可分割性，从而也具有非排他性和非竞争性，满足纯公共品的所有天然条件，故此，任何社会都只能将其作为公共物品提供，比如国防安全、社会安全、社会稳定、环境保护、社会公正、社会秩序、基础设施等。另一类是制度性公共物品，这种物品不具有效用的不可分割性，当然也就不具备非排他性和非竞争性，如同上面所述的义务教育阶段，以及免费享用的公园、博物馆、图书馆、公路桥梁、基本医疗等。它们能够成为供国民免费消费的公共物品，完全是国家根据自己的价值判断直接规定的结果，而这种价值判断本身又是与该国基本社会制度有着本质联系的。同理，正因为制度性公共物品是国家根据自己对社会经济发展的判断人为规定的结果，故此其存在范围和公共性（私人性）程度是有一定弹性的，比如，我国很长一段时间内，义务教育阶段不义务，而非义务教育阶段如高等教育却由受教育者免费享用，甚至超免费享用，固然与国家对社会经济发展趋势把握不太到位等有关，但说到底是因为这些所谓制度性公共品本质上就是由人们人为规定的，其本身就包含有主观偏离性的可能。

五、准公共物品

准公共品也称混合公共品（mixed goods），是兼有公共物品和私人物品双重属性的物品。

混合物品的存在有两个原因。第一个原因是某些物品达到一定规模以后，继续增加消费需求，会出现"拥挤性"，亦即边际成本（货币成本和非货币成本）不再为零，这些物品尽管可能是非排他的，但在超过一定规模后，又的确是竞争的，消费者只有竞相进入，才可能获得消费权力。所谓竞相进入有两种方式，或者接受物品提供者规定的收费标准（价格），或者忍受拥挤带来的消费满足程度降低（付出了非货币成本）。物品一旦取得混合物品的身份，公共物品在形式上具有的两个特性——非排他性和非竞争性——便不复存在，私人物品的排他性和竞争性得到形式上的确立，只是程度不及纯私人物品那么强烈罢了。第二个原因是某些物品具有明显的外部经济性，消费者对这种物品的消费会给他人或社会带来积极影响。高等教育、植树造林、基础设施、垃圾处理、文艺演出、法律服务等是典型的外部经济性混合物品。以高等教育为例，求学者在接受高等教育后，肯定会获得一定的内部收益（internal return）——毕业后一般会比没有接受高等教育的人获取高得多的货币收入，因此高等教育阶段可以收取一部分费用；但是，高等教育也有明显的外部效益——它会提升整个国家的竞争力、提高国民素质和道德水准、传承民族文化和社会主流价值观、稳定社会政治秩序、推动社会经济有一个较快的发展速度等，因此，放眼全世界，几乎所有国家的高等教育的提供成本都不能全部加在受教育者身上，国家也应该承担一定份额。当然，混合物品中究竟公共性和私人性各占据多大比重，需要根据消费者的支付能力、国家对这种物品的需求量、财政资金的提供能力、社会经济发展水平、混合物品在人们消费结构中所处的地位等因素而定。图 1.3 描述的是两种性质的混合物品的市场均衡过程。

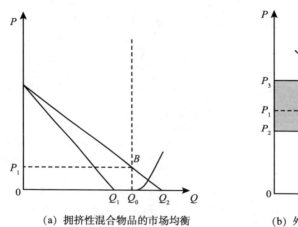 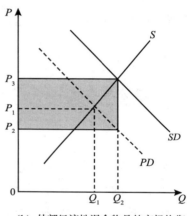

（a）拥挤性混合物品的市场均衡 （b）外部经济性混合物品的市场均衡

图 1.3　混合物品的市场均衡过程

假定图 1.3（a）描述的是一座政府投资的桥梁的市场均衡过程。设计车流量为 Q_0，在最高车流量不超过该点时，比如 Q_1，增加的车流量边际成本为零，可以免费使用。如果车流量继续增大，最高车流量升至 Q_2，会出现桥面拥挤，通过缓慢，边际成本逐步提高。即使按照市场均衡价格收费，也会存在一定程度的交通拥堵，因此，应该将收费标准提至 P_1，将车流量抑制在设计流量之内。

图 3.1（b）描述的是某种具有外部经济性产品（比如高等教育或植树造林）的市场均衡过程。PD 为私人需求曲线，SD 为社会需求曲线，它们之间的差额为外部收益。如果只考虑内部收益的话，供求均衡数量仅为 Q_1。如果再加入外部收益，理想的供求数量应为 Q_2，但该点的提供成本达到 P_3，收费标准则

必须降低至 P_2，其间的差额需要国家财政进行补贴（图 1.3（b）中阴影部分）。

混合物品是种类众多、分布广泛、差异性极大的公共性物品。我们放眼全世界，目前纯粹的公共物品或服务已经少之又少，尤其是西方主要发达国家经历了 20 世纪 80 年代的"新公共管理运动"，广泛收缩政府活动范围特别是国有资本的存在领域和比重后，整个社会产品和服务体系的公共性程度在下降。大量国有企业被私有化，原本由财政充分注资提供的社会保障等公共服务被缩水提供，鼓励私人资本进入原有公共品的提供行列，要求消费者为更大范围的公共品买单，承担更大比例的提供成本。我国伴随着公共财政建设过程的深入，总体上财政保障范围的收缩也很明显（1978～1995 年我国财政支出占GDP 比重由 30.5% 断崖式下降到 11.1%），混合物品所占比重在大幅度上升。高等教育由过去的免费甚至是超免费提供改为部分收费制，引入民间资本，丰富高等教育的所有制结构，从而引起高等教育收费标准的双轨制甚至是多轨制。一些学者从调整财政支出结构的角度也提出，"随着经济的发展和市场经济体制改革的完善，一些准公共产品和服务，如基础设施，应尽可能吸收民间资本投入，减少政府支出，以便将这方面的资金转向不断增加的教育、保健与福利服务等民生方面的支出。"[1]

六、公共物品的生产和提供

如前所述，如果不考虑混合物品存在的话，物品按照属性可以分为公共物品和私人物品两类，它们的生产和提供组合方式由四个要素构成：

公共生产——以政府为生产资料所有者，通过国有行政机关、事业单位和国有企业组织的生产；

私人生产——以私人为生产资料所有者，由私人企业或其他私人生产单位组织的生产；

公共提供——政府免费向消费者提供产品或服务，消费者可以不受自身支付能力的约束，无偿取得产品和服务的消费权；

市场提供——消费者用自有收入，在市场上通过付出价格的方式获得产品

---

① 安体富．安体富文集（下卷）［M］．北京：中国税务出版社，2010：869.

和服务的消费权。

上述四个要素可以组合成物品的四种生产和提供方式（见表1.1）。

表 1.1　　　　　　　　不同物品生产方式和消费方式的组合类型

	公共生产（1）	私人生产（2）
公共提供（A）	A_1	A_2
市场提供（B）	B_1	B_2

第一种组合方式为公共生产和公共提供。即政府直接投资兴办国有企业、事业单位等，产品或服务免费向国民提供，如公立学校、免费就学。

第二种组合方式为私人生产和公共提供。即由私人直接组织生产，政府购买其生产的物品和服务后，免费提供于国民消费，也就是所谓的"政府购买服务"，如私立学校，其学费由政府报销；政府购买民间生产的食物、帐篷、饮用水、御寒衣物等救灾物资，免费发放给灾民使用，等等。

第三种组合方式公共生产和市场提供。政府直接投资兴办国有单位，生产的物品和服务通过市场销售给消费者，如国办学校，全额收取学费；政府出资修建高速公路和高速铁路等基础设施，通过收费或制定价格等方式向消费者回收成本。

第四种组合方式为私人生产和市场提供。私人企业直接向消费者销售物品和服务，如私立学校，全额收取学费。

由于公共物品的主要现实特征是免费提供，因此，只有第一种和第二种组合方式与公共物品有关。第三种方式从表面上看也与国家有关系，因为毕竟需要国家出资兴办企业，但只要它们根据市场价格销售产品给消费者，没有任何公共物品的特性，这些企业提供的物品实质上属于私人物品，而且，根据公共财政理论，国家应当尽快退出第三种生产——提供的组合方式。当然，如果政府需要通过国有企业实现某项政策目标，比如为了稳定物价而要求国有企业必须以低价供应商品、为了社会稳定而要求国有企业不能裁减员工、为了获得国家在某领域的长久安全等而要求国有企业不计代价地扩张等，这时的国有企业其实已经在一定程度上履行了部分政府职能，这种组合方式已经在一定程度上具有了第一种组合的色彩。

另外，还有一种政府和私人（民间资本）共同生产某种物品，免费或以补贴价格向社会提供的方式，比如当前流行的 PPP 方式，这种方式实际上是第一种和第二种组合方式的混合体。

究竟国家选择何种方式提供公共物品、确定多大范围的公共物品、公共提供的介入程度有多深等，主要考虑的是如何处理效率和公平的关系。

七、公共物品的分类

基于不同角度，服从不同的分析需要，可以对公共物品进行多种分类。在此我们仅依据公共物品覆盖的范围大小，将公共物品划分为全球性公共品、全国性公共品、地区性公共品和社区性公共品四大类①。

全球性公共品或称国际性公共品（global public goods）指享用覆盖面遍及全球或多个国家的公共物品，比如臭氧层保护、国际经济秩序、全球性科技创新、国际安全维护、国际治理组织维护等。全球性公共品将依据各国的经济社会发展水平、从公共品释放的效用中获得的利益等因素，公平地分配全球性公共品的提供成本。

全国性公共品（national public goods）指享用覆盖面遍及全国，全国人民都能够从公共品效用中受益的物品，比如国防安全、全国性法律法规、中央政权建立和维护、全国性基础设施等。全国性公共物品的提供责任当然应该由中央政府来承担。

地区性公共品（regional public goods）指享用覆盖面遍及一个地区的公共物品，如三峡工程的建成将惠及整个长江流域特别是靠近三峡的几个省份，黄河小浪底水利工程将使整个黄河上游的地区人民深受其益，地区性交通设施将使整个地区的民众获得好处，京津冀一体化发展战略将给三地带来协调发展的机遇等。

---

① 郭庆旺老师在《财政学》（郭庆旺、赵志耘. 财政学［M］. 北京：中国人民大学出版社，2002.）中将公共物品分为国际性共用品、全国性共用品、区域性共用品和地方性共用品，尽管与本书提法稍有不同，但基本大同小异。

社区性公共品（community public goods）指享用覆盖面只遍及一个社区（街道、居民区、村镇等）的公共物品，如社区照明、社区环卫、社区文化、社区绿化、社区道路、社区安全、社区品质等。社区性公共品是与民众联系最为紧密、反应最为敏感的公共物品种类，尽管层次较低，但必须更加体现公共性和普惠性，在公共物品提供诸环节、诸要素确定上做细做实。

本书讨论的教育主要属于后三种公共物品。就我国的情况来看，有全国性教育产品供给机构，比如教育部部属高等院校，面向全国招生；有地区性教育产品供给机构，如地方高等院校；也有社区性教育产品供给机构，比如根据划片就近入学原则建立的中小学、幼儿园等。

第二章

教育产品的公共性分析

一、教育产品属于准公共品

当今世界各国，教育都被当作基础性产业或战略性产业，受到社会各层级的高度关注。在国际教育市场上，有的国家将教育作为重要出口对象，以此作为促进经济增长的重要部门；有的通过选派大量留学生出国接受高水平教育，以此作为迅速提升国家整体竞争力的捷径；有的将教育作为实现本国扶贫济困、公平正义、弘扬正气、文化传承的工具；也有的国家将教育作为传播本国核心价值、"普世价值"的途径，以此作为扩张本国软实力的重要方式。毫无疑问，教育事业发展效果的多元化，使得多国政府为促进本国教育发展往往不遗余力。公共教育是社会教育的基础，公共教育作为提高人口素质、改善人力资本、提升软硬实力、实现全面发展的根本手段，始终是各国政府予以加强的战略重点①。现代社会，公共教育支出在各国财政支出中都占据很大比重，很多国家将其作为政府财政（特别是地方财政）最主要的支出项目。在这样的背景下，更加明确教育的产品属性定位，将为确定教育的财政保障程度提供最为基础的理论支撑。

关于教育是公共产品还是私人产品，各国学者都有着不同的看法。詹姆斯·布坎南（James Buchanan）认为，基础教育是准公共物品甚至是公共品。

---

① 巫建国. 财政学（第二版）[M]. 北京：经济科学出版社，2013：286.

罗森在其《财政学》（第四版）中罗列了一些主张教育属于公共品的观点："学校可能是社会化的一个强大的力量。就像希腊历史学家普鲁泰克（Plutarch）在《道德》一书中所述：'诚实和美德来源于良好的教育。'也有人认为教育为政治灌输提供了很理想的途径，使得公民更容易接受他们的政府，因此它有助于维护政治稳定。在民主统治的社会中，教育为投票者提供背景和观点，他们据此作出政治选择。"① 英国经济学家安东尼·阿特金森（Anthony Barnes Atkinson）和美国经济学家约瑟夫·斯蒂格利茨（Joseph Eugene Joe Stiglitz）则认为，教育是私人产品，多一个学生，产生的教育边际成本大致等于平均成本，至少大的学区是这样的。而且提供教育服务向私人收费并没有任何困难，教育通常由政府提供，这是因为政府提供教育比较有效率，而不是因为教育是公共产品。国内学者观点也不尽相同，一些国内学者认为基础教育是一种公共产品，是具有纯公共产品性质的服务，应该作为义务教育由政府提供，但接受义务教育服务的人不直接付费，而是通过纳税等途径实现整体支付。另一些国内学者则认为，基础教育是一种准公共物品，教育具有部分的非竞争性和非排他性。从直接消费来看，增加一个学生会降低原有学生得到的教育服务水平，如平均受老师关注的程度会降低，生均校舍面积、图书、仪器等教育资源会减少，因此教育具有竞争性。学校在技术上完全有能力将不付费的受教育者排除在学校教室之外，因此，教育也具有排他性。从间接消费来看，教育具有部分的非竞争性和非排他性。这是因为教育带来了很多社会经济利益，全社会都可以从中受益。对于这些利益，消费者的增加并不会使得其边际成本上升，也无法排除其他成员得到这种利益。从现实中看，世界绝大多数国家都将教育作为混合物品或准公共品，政府和市场都在其中扮演一定的角色，政府的财政资源总有很大一个份额被投入教育领域。

综合考虑各种学者对于教育产品性质的判断，我们认为教育并不是纯公共品。首先，教育的效用是可以分割的，由此也是可以实现竞争性提供和排他性提供的。教育提供者可以将不付费者从受教育者行列中排除出去，而且排除成本不高。其次，当今世界各国的教育都是分为义务教育和非义务教育两个阶

---

① ［美］哈维·S. 罗森著，平新乔等译. 财政学（第四版）［M］. 北京：中国人民大学出版社，2000：73.

段，对后者来说，教育是需要付出不菲成本后方能获得消费权的有偿服务。教育从整体上说只是准公共品，或称为混合物品，政府可以根据自己对社会经济发展规律的认识，规定一定时期的义务教育，规定义务教育阶段免费的时长和口径，规定非义务教育阶段的成本补偿程度，即收费标准。鉴于世界各国政府在不同时期对教育在社会经济发展过程中作用程度的认识不同，故此对义务教育长度和口径、非义务教育收费标准、财政保障程度等均有不同的把握。我国在 1986 年前后、2006 年前后对义务教育的态度已经对其制度性公共品属性做了非常准确的注解。

二、教育产品的私人性分析

既然教育是混合产品或准公共品，那么其具有一定的私人产品属性是题中应有之义，而且，人们不难证明教育产品的私人性之所在——我们可以从纯公共产品成立的三个层级、四个方面来对教育产品的私人产品属性进行逆向分析。

（一）教育效用的可分割性

首先，教育会提升受教育者的人力资本水平，使受教育者获得更强的收入能力和更好的发展机会，这种直接的经济效用是完全可以分割、可以度量的。马克思在《资本论》中指出："教育会生产劳动能力。""比社会平均劳动较高级的复杂劳动，是这样一种劳动力的表现，这种劳动力比普通劳动力需要较高的教育费用，它的生产需要花费较多的劳动时间，因此，它具有较高的价值，既然这种劳动力的价值较高，它也就表现较高级的劳动，也就在同样长的劳动时间内物化为较高的价值。"[1] 接受过教育的人、接受了较高程度的教育或接受了较优质教育的人，可以通过获取一定的技能和知识，显著提升个人在人力资本市场的地位，人力资本的显著提升有助于增加生产的效率，这意味着在更短时间会增加更多的产出，因此通常会赢得更好的收入机会和更高的收入水平。所谓教育的效用，最直接地就体现在教育的经济效用，亦即更高的收入机会和发展能力，它能够很方便地进行分割，并能够很方便地通过人力资本市场

---

[1]　马克思恩格斯全集（第 23 卷）[M]. 北京：人民出版社，1956：223.

得到实现。对于这一点，也有很多实证研究的理论支撑。柳光强等（2013）将教育质量纳入明瑟收入函数之中，利用 2000～2008 年的省级面板数据，从不同层面分别验证教育数量和教育质量对农村居民收入的影响，研究结果表明：首先，教育数量和教育质量均对农村居民收入有显著的影响，相比较而言，东部地区教育质量的收入效应大于中、西部地区，中、西部地区教育数量的收入效应大于东部地区。其次，接受过较好教育的人可以掌握更多的学习方法，对于新事物的接受和再学习的能力更强。以外语为例，没有接受过外语学习的人对于外国资讯的了解程度自然要远远低于拥有外语学习经历的人。

其次，教育会提升受教育者的个人文明程度或称社会素质，这种效用也会清晰地体现在受教育者个体上，获得社会文明效用的分割。一个受过教育的人、受过较高水平教育的人、对教育内容吸收度较高的人，通常要比没有受过教育的人、只受过较低级教育的人、对教育内容吸收度较低的人，具有更明显的文明程度或社会素质，其在个人行为方式上会更加注重别人的感受，能够更自觉地将个人利益和社会利益、个人价值同社会价值、个人发展同社会发展、个人享受同社会进步等统一起来。教育还有助于提高一个人的道德修养，从而改善其为人处事的态度。提高个人的品位，使人能够更好地享受生活，给生活带来更多的乐趣。从人类发展的进程看，教育是人类社会摆脱愚昧、无知、迷信的最有力武器。受教育者的彬彬有礼、自信自强、创新意识、互助协作等素质，可以为受教育者赢得更大的社会尊重和更多的发展机会。

（二）教育的排他性和竞争性

教育的排他性指受教育者个人在通过付费等方式获得一个受教育机会后，别人将不能够获得或消费同样一个受教育机会。教育产品的提供者可以很方便地将不付费者从受教育者行列中排出出去，且排除成本很低——不付费者不能进入教室听老师讲课、不能获得课本和其他教育资源等，教室座位、课本等就是受教育机会的物化、外化的表现形式。收取的学费、书本费等就是教育排他的判断标准和进入门槛。

教育的竞争性指无论是教育产品的提供者还是消费者，都需要在竞争环境中去提供和消费。对教育的提供者来说，比如学校，必须提供一定的教育环境和教育条件，才能够吸引一定规模的受教育者来使用自己的教育资源，也才能够收取一定的甚至是比其他学校更高的教育费用，自身也才能获得不断的教育再生产能力或者是扩大再生产能力，在教育市场竞争中立于不败之地；否则，如果教育机构提供的教育产品不能得到受教育者的认可和响应，耗费的教育成本就难以通过收取教育费用获得补偿，久而久之就被迫退出教育市场。对教育产品的消费者，即受教育者来说，其也需要通过付费或付更高的费用，才能在教育市场的竞争中获得一个自己比较满意的受教育机会，享受到较高质量的教育，为自己赢得更加光明的未来；如果不能通过付费（也包括排队、秒杀、划片等非货币方式）在教育市场竞争中获得满意的受教育机会，自己将在教育市场的竞争中处于不利地位，自己成为未来人力资本竞争中的失败者将会是一个较大概率的事件。正因为教育市场的排他性和竞争性，每一层次的教育产品有可能由很多学校竞争性提供，其教育产品提供的边际成本不会是零；受教育者也会在不同学校之间进行成本和收益的反复筛选，以求获得一个自己满意的受教育机会。

（三）教育产品的有偿提供

教育产品的效用可分割性、排他性和竞争性的存在，使受教育者必须通过付费等方式，方能获得受教育机会。学费、择校费、杂费、借读费、书本费、住宿费、生活费、赞助费等名目繁多的收费方式，就是教育产品有偿提供的表现形式。无论是一费制还是多费制，无论是成本补偿费、投资费、择校费乃至赞助费，无论是货币形式还是其他实物形式，无论是直接交换还是曲线补偿等，都是教育"价格"的具体体现。如果政府不能提供充足的教育拨款，公共教育提供方不能实现教育产品市场的供求稳定平衡，那么，教育市场的形形色色的收费将不可避免；如果政府在教育拨款不足的前提下（即使拨款比较充足时，但如果不能进行严格监管），强行要求学校免费提供教育产品，这时的教育产品基本可以肯定是"缺斤短两""以次充好""厚此薄彼""假冒伪劣"的教育产品。

根据如上分析，教育产品具有非常明显的私人产品属性——效用可分割性是基础，排他性和竞争性是依据，收费是实现方式。我国传统社会的私塾是教育产品私人属性的表达形式，新中国历史上曾经长时间实施的收取学费等更是其私人属性的制度性体现。即使是现在，尽管名义上义务教育阶段学校不允许收取学费（书本费和基本生活费），但其天然的私人属性也将无处不在地体现自己的存在，屡禁不绝的补课费，名目繁多的补习班，扶摇直上的补课费用标准，都在彰显着教育产品的私人属性，都在体现着教育产品市场的繁荣兴盛，政府机关的任何治理都显得那么苍白无力和扬汤止沸，甚至政府的任何一次治理，包括在入学制度上的一次次"创新"，都只能将教育市场的繁荣程度一再推高。说到底，都是教育产品的私人属性使然，与其强行阻止，不如因势利导，将教育产品的私人性纳入教育发展改革的理论基础中。

三、教育产品的公共性分析

教育的公共性主要指教育产品的使用过程中产生的利他性，亦即外部正效用。众所周知，任何产品的生产和消费都会在不同程度上产生外部性——产品的生产和消费过程中产生了对别人有害或有利的效用，但本人却不承担货币成本和收获货币效益。而教育产品公共性或正外部性更是具有世界范围的普遍认同性。在世界各国，公共教育支出都是政府支出的重要组成部分。"教育是政府预算中最重要的项目之一。美国地方、州和联邦政府在教育部门上的总支出每年超过 2730 亿美元。约 9/10 的美国小孩在公立学校接受教育。"① 我国和其他国家的教育支出也历来处于高位，包含高额教育支出在内的年度财政预算都被各级人民代表大会审议通过，一方面说明民众对庞大的教育支出是普遍接受的；另一方面也说明官方对教育公共性或外部性是高度认可的，并愿意通过巨额财政资金体现这种公共性或外部性。

教育公共性或外部性主要体现为以下六方面。

（1）培养公共责任意识。教育是使人们适应社会的一种强大力量。现在社会发展越来越强调公共性，也越来越强调人的公共责任意识。不能设想，一个缺乏公益、缺失公平的社会是现代文明社会，一群没有公心、没有公德、唯利是图的人会拥有现代人格。教育是公共责任意识和公共道德的主要培养过

---

① ［美］哈维·S. 罗森著，平新乔等译. 财政学（第四版）［M］. 北京：中国人民大学出版社，2000：72.

程。在这个过程中，人们逐渐形成了融入现代社会的人生观、价值观和世界观，从而能够使得现代社会的主流价值体系可以更加有序地存续下去。

（2）引领社会经济进步。1776年亚当·斯密（Adam Smith）在《国富论》中就提出："劳动力的技能是经济进步最强大的力量，教育机构的花费无疑是有益于整个社会的。因此，假如没有不公平行为的话，教育应该由全社会的税收进行支付。"19世纪以来，瓦尔拉斯等新古典经济学家运用生产函数关系论证了教育和科技进步对一个国家经济发展的影响。1963年，舒尔茨（Theodore W. Schultz）在《教育的经济价值》通过研究西方国家经济增长的要素，提出人力资本论，他认为，教育作为一种投资是促进人力资本形成的关键因素，不同领域的投资对经济增长的作用是不同的，物质资本的投资主要通过资本积累效应拉动经济增长，而人力资本投资则和研发投资一道通过提高要素生产率和释放外部性促进经济发展。索洛（Robert M. Solow）打破了资本积累是经济增长主要因素的理论，提出劳动、资本和技术进步三者共同支撑了经济增长，其中的劳动不仅指劳动力数量的增加，还包括劳动力素质与技能的提高，因此长期经济增长除资本要素外，更重要的是因为教育和训练水平的提高引起的技术进步。自20世纪80年代中期以来，罗默（Paul Romer）和卢卡斯（Robert Lucas）为代表的"新增长理论"具有越来越大的影响。新经济增长理论的重要内容之一是把新古典增长模型中的"劳动力"的定义扩大为人力资本投资，即人力不仅包括绝对的劳动力数量和该国所处的平均技术水平，还包括劳动力的教育水平、生产技能训练和相互协作能力的培养等，这些统称为"人力资本"。从历史上看，大部分经济学家均认可教育投入对形成国家雄厚人力资本储备的重要性。从长远看，人的素质、人力资本的积累程度是一个国家发展前景的决定因素，是决定一个民族能否自立于世界民族之林、一国经济能否弄潮于世界经济大潮的根本因素，而决定人的素质和人力资本优劣的主要因素是教育。因此，可以肯定地说，教育是引领社会经济发展的主要先行部门。

（3）传承人类文明。教育是社会进步所必需的物品或服务，肩负着传递社会文明的重任。纵观世界历史，那些璀璨悠久的文化，无一不是依靠教育传承下去。人类文化有一个极其重要的特征，那就是它只能学而知之，而不能通过遗传的方式获得。这就决定了人类文化从它产生的那天起就与人类教育有着不可分割的关系。文化无法自身复制，需要一个有效的途径来进行自我复制，达到传承的目的。在不断的自我复制与传承过程中，文化会发展得更加绚烂多彩，而作为文化载体的人也会感受到文化的力量，被文化所感染。文化传承和发展推动着人类进步，而教育则是文化传承和发展的重要途径。

（4）提供创新基石。创新是社会进步的不竭动力。创新并不是自然产生的，需要一定的社会积累，其中最为重要的就是知识的积累，知识积累的最重要方式就是教育。教育使前人的智慧得到传承，并使后人能够站在前人的肩膀上继续发展科学理论与技术，从而带动进一步创新的产生。创新往往可以带给一个社会极大的正效应，且这种影响造福整个社会。

（5）维护社会安定和谐。教育能够提高人口素质，使人与人之间的关系更加和谐友好，有利于促进社会安定和社会进步。在公平的多层含义中，起点公平是所有公平的基础，机会均等是多少仁人志士矢志奋斗的目标，教育又是实现起点公平和机会均等的必由之路，是打通阶层交流渠道、矫正过大的收入分配差距、改变不平等的社会结构、真正实现所有社会成员命运共同体的和谐社会目标的最为有效的途径。从隋代开始的科举制度、现代社会的高考制度尽管从理想主义视角看依然存在这样那样的问题，但仅从维护公平、促进和谐的角度，它们都有助于人才的阶层流动，一定程度上体现了社会公平正义，是实现稳定和效率相得益彰的最为有效的制度安排。

（6）增强或稳定人们对现有制度的信心。社会制度是人们生产、生活最大的外部环境。一项能够兼顾公平和效率的社会制度，可以稳定人们的预期，提供充分发挥自身创造潜能的外在环境，促使人们将注意力专注于完善自身能力、提升自身素质，"既能独善其身，又能兼济天下"，借此来赢得社会尊重和人格完善。否则，人们就不得不分散精力用于应付现有制度的各种干扰，影响个人发展和社会进步，甚至最终酿成一场砸碎旧制度、建立新制度的社会革命，尽管也符合社会进步的内在机制，但毕竟带来众多生灵涂炭、巨额财富毁灭、社会代价巨大。"一种理论认为，教育不但产生人力资本，而且还向受教育者灌输对现存政治制度的信仰。因为个人只关心自身的人力资本，从信仰中得不到任何收益。所以竞争生源的私立学校会把所有的资源都投入人力资本的生产中去。根据这种观点，在一个公立学校受保护而免于竞争的体制中，开发对现有民主程序的普遍认同相对来说更容易些。"① 我国社会主义制度为核心的社会制度体系的维护和传承，也必须通过发扬教育的公共性和正外部性，通过教学内容设计、考试内容规定、课程科目设置、教师队伍培养等，培养受教育对象对我国现行社会制度的信心，弘扬制度自信。

毫无疑问，教育的上述特性凸显了教育收益的极大的正外部性，且这种外部性具有非排他性和非竞争性，即无法排除任何一个人从中受益，以及享受教育所带来的社会繁荣的边际成本为零。尽管人们在接受教育时更加关注内部收益和货币成本，相对忽略上述外在收益和非货币收益，但人们在接受教育的同时也在潜移默化地生产上述这些外部收益，甚至成为教育过程的主导收益。

教育产品公共性也获得法律上的认可。《中华人民共和国教育法》规定："教育活动必须符合国家和社会公共利益。""以财政性经费、捐赠资产举办或者参与举办的学校及其他教育机构不得设立为营利性组织。""国家建立以财政拨款为主、其他多种渠道筹措教育经费为辅的体制，逐步增加对教育的投入，保证国家举办的学校教育经费的稳定来源。"《中华人民共和国义务教育法》规定："义务教育必须贯彻国家的教育方针，实施素质教育，提高教育质量，使适龄儿童、少年在品德、智力、体质等方面全面发展，为培养有理想、有道德、有文化、有纪律的社会主义建设者和接班人奠定基础。""国家建立义务教育经费保障机制，保证义务教育制度实施。"这些法律规定将教育公共性提升到法律层面，意味着教育公共性得到国家认可。

四、教育产品准公共性的体现

上面的分析已经证明，教育是混合物品或者称准公共品。尽管人们对教育产品公共性的程度尚存不同看法②，但教育产品的基本属性已经确定无疑。教

---

① ［美］哈维·S. 罗森著，平新乔等译. 财政学（第四版）［M］. 北京：中国人民大学出版社，2000：73.

② ［美］哈维·S. 罗森在其所著《财政学》（第四版，哈维·S. 罗森著，平新乔等译. 财政学（第四版）［M］. 北京：中国人民大学出版社，2000：73.）中曾经引用著名学者汉纳斯赫克（Hanush-ek）在1986年阐述的观点，他认为，教育主要是一种私人物品，他通过提高学生"涉世处世"能力增加了他们的福利。

育产品的混合物品特性会在四个层面得到体现。

（一）全部教育流程由义务教育阶段和非义务教育阶段两部分构成

从全口径教育产品看，我国教育产品由普通教育、职业教育、成人教育、广播电视教育、留学教育、特殊教育、进修与培训教育等构成。但毫无疑问，我国教育的主旋律是普通教育①。从普通教育整个流程看，普通教育产品由学前教育、小学教育、初中教育、高中教育、高等教育（专本科教育、研究生教育）构成。根据国家在教育产品提供方面承担的责任不同，全部教育流程产品由义务教育阶段和非义务教育阶段构成。毫无疑问，义务教育阶段的全部供给任务由政府承担。1986 年 4 月 12 日第六届全国人民代表大会第四次会议通过，2006 年 6 月 29 日第十届全国人民代表大会常务委员会第二十二次会议修订通过的《中华人民共和国义务教育法》明确规定，"国家实行九年义务教育制度""义务教育是国家统一实施的所有适龄儿童、少年必须接受的教育，是国家必须予以保障的公益性事业""实施义务教育，不收学费、杂费""国家建立义务教育经费保障机制，保证义务教育制度实施""各级人民政府及其有关部门应当履行本法规定的各项职责，保障适龄儿童、少年接受义务教育的权利"。在上述教育流程中，小学和初中阶段作为义务教育阶段，其供给经费由财政全部保障；其后和学前教育阶段的供给经费，国家财政自然没有义务进行全额保障，非财政性资金特别是受教育对象缴费（亦即市场化补偿）也是重要资金来源。由此可知，基本为纯公共产品的义务教育②和总体为混合产品的非义务教育共同支撑我国教育产品的混合特性。关于我国教育体系构成见图 2.1。

---

① 根据财政部网站披露的 2017 年全国一般公共预算支出决算表中数据，2017 年全部教育支出中，普通教育支出占比达到 78.91%。

② 在这里之所以称为基本为纯公共产品的义务教育，是因为完全的义务教育应当包括免学费、书费、杂费和基本生活费，这几项如果不能实现全部免除，也会形成教育门槛，影响义务教育全普及。故此，我国现今的法定之免学费和杂费，只能算是基本实现义务教育。

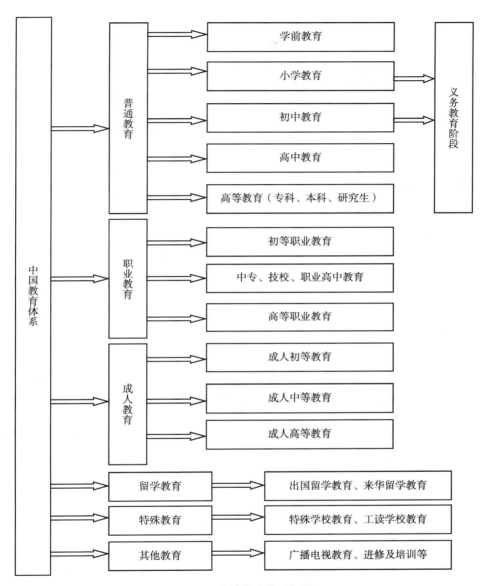

图 2.1 中国教育体系概览

资料来源：2017 年全国教育事业发展统计公报，教育部网站；2017 年全国一般公共预算支出决算表，财政部网站。

（二）每一层次的教育产品都由公立教育和民办教育两部分构成

简单分析一下各个层级的教育，可以发现每一层级的教育都有公立教育和民办教育两部分，这也可以称为各级教育的所有制构成。不难理解，公立教育通常意味着其产品有公共性一面，财政作为公共利益的代表，会向公立学校注入建设资金和日常运转经费；民办教育通常意味着其产品将以私人产品属性为主，成本补偿甚至是获得正常盈利主要通过收费来进行。这样，我们认定的教育产品是准公共品或混合物品的结论又有了有力证据。

民办教育的私人产品属性也获得法律支持。2015 年 12 月 27 日，第十二届全国人民代表大会常务委员会第十八次会议对《中华人民共和国教育法》进行了第二次修正，同时决定对《中华人民共和国高等教育法》进行修订。新的两法均明确规定，"国家鼓励企业事业组织、社会团体、其他社会组织及公民个人依法举办学校及其他教育机构"，取消了原来法律规定的"举办学校不得以营利为目的"的规定，为民办学校分类管理扫清了障碍，民办学校发展有了更大空间。2016 年 11 月 7 日，第十二届全国人民代表大会常务委员会第二十四次会议对原《中华人民共和国民办教育促进法》进行了第二次修正，其中第三条规定，"国家对民办教育实行积极鼓励、大力支持、正确引导、依法管理的方针"，第五条规定，"国家保障民办学校举办者、校长、教职工和受教育者的合法权益"。这样，我国教育事业的混合物品属性得到更加明确的确定，我国教育事业发展得到更加有力地推动。2017 年我国民办教育在校生结构如图 2.2 所示。截至 2017 年底我国民办教育的办学层级情况如表 2.1 所示。

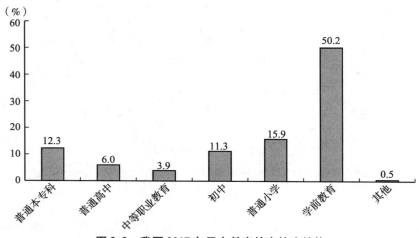

图 2.2　我国 2017 年民办教育的在校生结构

资料来源：2017 年全国教育事业发展统计公报，教育部网站。

表 2.1 　　　　　　2017 年底我国民办教育机构基本情况表

办学层级	民办教育机构		新入学（园）生		在学（园）生	
	机构数（所）	比上年增加（%）	人数（万人）	比上年增加（%）	人数（万人）	比上年增加（%）
民办幼儿园	16.04 万	4	999.32	3.55	2572.34	5.53
民办普通小学	6107	2.21	137.70	7.78	814.17	7.65
民办初中	5277	3.78	209.09	10.79	577.68	8.42
民办普通高中	3002	7.71	111.41	8.28	306.26	9.74
民办中等职业学校	2069	-2.17	78.68	6.84	197.33	7.16
民办高校	747	0.67	175.37（普通本专科）	0.87	628.46	1.99
			747 人（硕士研究生）	—	1223 人	—
民办其他高等教育机构	800 所	—	—		74.47	—

资料来源：2017 年教育事业发展统计公报，教育部网站。

　　在政府投资继续扮演教育发展的主要推动力量的同时，我国教育产品由巨大的社会需求和政府投资相对不足引致的稳定回报水平，也诱导着民间资本投资各级教育的热度持续升温。反映在资本市场上，教育板块吸引到的民间资本规模快速上升（见图 2.3）。目前，整个教育板块（包含 A 股、美股、港股教育上市公司）市值已突破 6000 亿元，较 2015 年实现超过 3 倍增长（见图 2.4）。

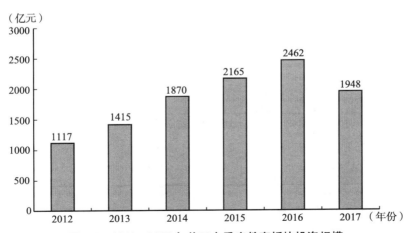

图 2.3　2012～2017 年前三个季度教育板块投资规模

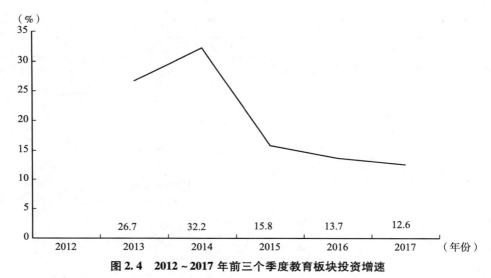

图2.4　2012～2017年前三个季度教育板块投资增速

资料来源：观研天下发布《2018～2023年中国教育信息化市场运营态势及投资趋势研究报告》，中国报告网，http：//free. chinabaogao. com/wenti/201712/12133OI212017. html。

　　在宏观层面有国家法律提供优越的发展环境，在微观层面有庞大社会资本的强大助力，我国大批以提供教育为主业的公司开始大举扩张。以威创股份和开元股份为例，威创股份旗下的红缨教育幼儿园数量从2014年1198所增长至2017年的4259所，开元股份旗下恒企教育学校数由2015年190所增长至2017年的253所（见表2.2和图2.5、图2.6）。

表2.2　　　　　红缨教育幼儿园和恒企教育学校数量增长情况表

年份	红缨教育幼儿园		恒企教育学校	
	数量（所）	增速（%）	数量（所）	增速（%）
2014	1198	—	—	—
2015	2506	109	190	—
2016	3357	34	235	24
2017	4259	27	253	8

资料来源：资料来自"观研天下"整理、中国报告网发布的《2017年我国教育经费支出及占比分析》，网址为http：//free. chinabaogao. com/wenti/201712/12133OI212017. html。

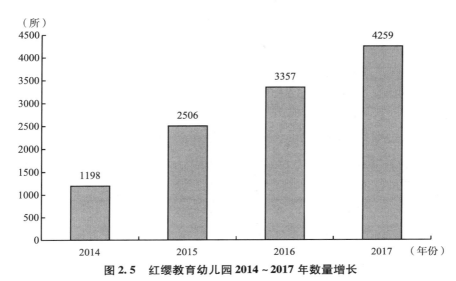

（所）

图2.5 红缨教育幼儿园2014～2017年数量增长

资料来源：资料来自"观研天下"整理、中国报告网发布的《2017年我国教育经费支出及占比分析》，网址为http://free.chinabaogao.com/wenti/201712/1213301212017.html。

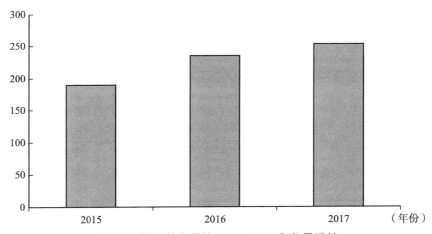

图2.6 恒企教育学校2015～2017年数量增长

资料来源：资料来自"观研天下"整理、中国报告网发布的《2017年我国教育经费支出及占比分析》，网址为http://free.chinabaogao.com/wenti/201712/1213301212017.html。

（三）单位教育产品成本补偿都由受教育者缴费和财政补贴两部分构成

对于非义务教育阶段的学前教育、高中教育、高等教育等教育阶段来说，教育机构提供的每一单位教学产品必须收取一定费用，恐怕没有什么意外；即使是所谓义务教育阶段的小学和初中教育，如果按照义务教育的本来含义——教育对象接受义务教育同本人经济状况不发生任何直接关系——我国当前的义务教育阶段对教育对象来说，也不是毫无经济负担。这就证明，我国当前的各阶段教育产品成本补偿渠道中，受教育者缴费依然是重要内容。其中最典型的准公共品高等教育，其"缴费—补贴"多渠道成本补偿结构足以证明教育产品的准公共性。1986 年，美国纽约大学前校长 D. B. 约翰斯通（D. Bruce. Johnstone）在《高等教育的成本分担：英国、联邦德国、法国、瑞典和美国的学生财政资助》一书中提出"教育成本分担理论"，该理论成为当今世界各国收取高等教育学费的主要理论依据。他认为，高等教育成本无论在什么社会、体制和国家中，都必须由来自政府、家长、学生、纳税人和高等学校几方面的资源来分担。我国改革前一直实行高等教育免费提供的政策，大学生基本不承担任何教育成本，甚至还在领取收入。1985 年《中共中央关于教育体制改革的决定》首次提出，可以对计划外学生收取一定的培养费，中国的高等教育由此进入了收费阶段，并逐步扩大收费范围和收费标准，高等教育的准公共品特性由此得到彰显。2016 年我国高等教育经费投入总额 17603 亿元，人均投入 6 万多元，但本科生人均学费标准 5000～6000 元，学术性硕士研究生学费标准 8000～10000 元，远低于高等教育经费投入水平，说明我国高等教育的公共性程度还是极高的①，但其混合物品特征还是很明显的。

单位教育产品培养成本——生均培养成本的准确核算，是明晰教育产品学费水平和混合程度的主要标志。由于教育机构经费支出名目繁多，是否应当列入教育成本争议颇大，各种计算版本众多，结果大相径庭。本书并不是专门讨论教育成本含义和构成，故此只能使用最为权威的看法，亦即官方看法。国家发展改革委 2005 年 6 月 8 日下发了《高等学校教育培养成本监审办法（试行）》，其中详细列举了高等教育培养成本的计列原则和详细项目，至今已经

① 根据教育部发布的《2016 年全国教育事业发展情况》，我国 2016 年普通本专科在校生约 2700 万人，在校研究生约 200 万人，合计普通高校在校生人数接近 2900 万人。另据《中国教育经费统计年鉴 2016》数据，2016 年我国高等教育经费投入总额为 17603 亿元，人均投入 60000 元。当然这里的计算并不十分精确，部分投资性经费投入不宜作为培养成本全额计入；不同教育层级的学生也不宜按照同一计算单位计列等，但作为评价高等教育是准公共品而言，这样的数据也就够用了。

运行了十多年，效果比较明显。已有学者应用此办法对若干年内我国高等教育培养成本进行了简单测算，测算结果虽不太新鲜，但基本可以说明问题。比如，长沙理工大学黄文颖依据《高等学校教育培养成本监审办法（试行）》，应用《中国教育统计年鉴》和《中国教育经费统计年鉴》相关数据，对1999～2009年中国高等教育培养成本进行测算，结果如表2.3所示。总之，我国过去和当前的高等教育学费标准远低于培养成本，说明我国高等教育（其实也可扩展为整个非义务教育阶段和领域）的市场化程度还比较低，公共性依然是我国教育产品生产过程的主体。

表2.3　　　　　　　1999～2009年我国普通高等教育生均培养成本测算

年份	当量学生人数（万人）	普通高校教育总成本（亿元）	普通高校生均成本（元）
1999	461.47	484.23	10493.2
2000	618.17	618.02	9997.6
2001	810.0	792.04	9785.7
2002	1014.5	1033.00	10182.4
2003	1252.5	1275.96	10187.3
2004	1514.1	1525.91	10078.0
2005	1776.5	1822.58	10259.4
2006	1978.5	2186.45	11051.1
2007	2146.4	2571.33	11979.7
2008	2301.3	3043.99	13227.3
2009	2450.3	3409.25	13913.6

资料来源：长沙理工大学黄文颖2012年学位论文《我国普通高等教育生均成本变动趋势及机理分析》，第31页。需要指出的是，该文使用的生均成本计算依据中的学生人数是"当量学生人数"，由本专科在校学生人数（系数为1）、硕士研究生在校人数（系数为2）、博士研究生在校人数（系数为3）三者相加而得，与国家发改委下发的《高等学校教育培养成本监审办法（试行）》中的"标准学生人数"计算过程稍有不同，后者将各类学生折算为标准学生的权数为：本科、专科、第二学士学位、在职人员攻读博士和硕士学位、高等职业技术教育学生、成人脱产班学生、预科生、进修生为1，博士生为2，硕士生为1.5，来华留学生为3，函授、网络教育生为0.1，夜大等其他学生均为0.3。相比而言，后者更为精细全面些，但黄文颖的计算过程尽管比较概括，但计算结果也可以说明问题。

（四）我国统一的教育大市场也由相对规范的学校教育和不太规范的校外教育两部分构成

从我国现有的法律规范来看，按说不应该有什么规范与不规范之分，所有的教育机构或教育提供者都应该依法依规办学，不应该存在什么不规范的教育活动。但是，因为存在纵向和横向教育资源配置不均衡，为不规范的校外（甚至是校内）的教育活动提供了适宜的生存和发展的土壤。纵向不均衡体现在前高等教育阶段的培养水平与高等教育培养能力之间的长期不均衡，以及高等教育培养能力结构与前高等教育的需求结构严重不匹配。这种纵向不均衡导致我国高等教育必须设置进入门槛，必须依不同学校、不同专业、不同地域、不同层级高等教育培养能力高低来设置不同的进入门槛。在现阶段，恐怕没有比设置高考分数线更合理、更公平的进入门槛了。这就逼迫着中小学不得不跟着高考指挥棒转，千军万马争过高考独木桥，为不规范的教育活动提供了本质上的原动力。所谓横向不公平指现有中小学教育资源配置严重不均衡（注意，我们这里使用的是"不均衡"概念，而不是不公平、不合理），优质教学资源稀缺且已经品牌化，学校为了提高升学率和优质高校录取率，学生和家长为了提升进入高校和优质高校的录取概率，为正常教育活动外的不规范的教学活动提供了庞大的、相互攀比的、愈演愈烈的刚性需求。而一些优秀师资及其组织者，成为不规范教育活动的提供者。由于这些优质教学资源稀缺程度很高，面对庞大的市场需求，肯定会衍生出费用越来越高、又有结构性差别的不规范教育市场。国民总体上不断提升的收入水平和对子女教育非常强烈的偏好，给这种畸形的不规范教育活动提供了源源不断的支付动力。我们之所以将这些正常教学活动之外的教学称为不规范的教育活动，是因为这些教学活动没有完整的计划和监管，收费标准随行就市，受教育者完全被动且无以追责，和正常教学过程的相对规范形成鲜明对照。尽管这种不规范的教育活动是教育市场化或教育准公共性的生动注解，但并不是我们希望看到的，反而是必须要下重力整治，尤其需要创新性治理的。

关于不规范的教育活动的不规范之处，还有一点是它的确切规模很难掌握，对它的监管和控制形同虚设，类似于地下经济和半地下经济，从业者的经济收入也难以获得税务机关的严格准确监控，偷漏税比例很高。现在人们对其规模的确定大体是靠各方面零敲碎打的调查所得，未必准确，但得出的数据已经是触目惊心。民进上海市委 2018 年初的一份提案显示，他们通过对部分上海中小学家长的问卷调查，有 84.15% 的孩子参加课外辅导班。中央教育科学研究院的调查结果显示，北京已经成为参加中小学生课外补习班比例最高的地区之一，课外补习率已经到达 80% 以上，针对中小学的各类补习机构已经达到 10000 家以上。另外一组数据显示，北京、广州、南京、哈尔滨、石家庄、西安、成都、银川 8 个城市对 5000 名中小学学生家长进行了问卷调查，一年家庭教育的总支出为 8773.9 元，其中 6031.4 元用到了学校教育之外的教育支出，包括补课费、各种培训班费用等，校内教育支出还不到 3000 元。这组数据说明，以补课和培训班为主的校外教育支出已经成为我国居民家庭教育支出的主体，这部分市场性的教育费用在中小学教育阶段甚至要超过政府公共教育支出。21 世纪教育研究院院长杨东平表示，课外补习正在"绑架"学校教育。"课外补习在国外称之为'影子教育'，如影随形跟在学校教育后面，很大程度上是为了弥补学校教育的不足，尤其是为后进学生提供课外辅导，就是所谓'补差'的功能。但是在中国，其功能普遍成为'培优'，越是学习好的人上的补习班越多。"①2018 年初，教育部等七部门联合发布《治理教育乱收费、规范教育收费工作的实施意见》，再次明确提出"禁补令"，声称将对参与组织和有偿补课的老师进行严格处罚，直至追究纪律责任。但时至今日，治理效果尚未体现。

我们觉得，之所以不规范的校外教育活动必须治理，不仅因为其严重冲击正常的教学秩序，其各个环节基本脱离主管部门监控，且有愈演愈烈的趋势，更主要的是因为它对广大受教育者及其家庭形成了极其严重的"绑架式"消费。大家并非真心愿意参加高价补课和培训，而是因为学校、教师、其他学生及其他们的家长在通过各种方式，对另一部分家长和学生形成胁迫和攀比。凡是这类消费活动和支出，都理所当然成为国家治理的内容。

上述关于我国教育产品准公共性的分析，不仅提供了定性证据，也对教育各个组成部分的混合特质进行了详细描述。总体上看，我国教育产品的准公共性有着结构各异、错综复杂的内部构成，诸如，义务教育阶段的弱市场（强公共）+非义务教育阶段的强市场（弱公共）、普通学校教育的弱市场+校外教育的强市场、公立学校的弱市场+民办教育的强市场、学习领域的弱市场+生活领域的强市场、学校集体组织的弱市场+学生分散自发的强市场、官方认为的弱市场+真实发生的蓬勃兴起的强市场，等等。对这种复杂的市场化景象或

---

① 《贫穷限制了想象力！补课费已成为家庭沉重开支》，https：//item. btime. com/30bk8t1t94n94k874lt67ishi9s.

准公共性景象，必须在摸清底数、确定目标的基础上，进行综合治理，方能为我国教育提供规范、公平、高效、清洁的发展环境。

五、国家介入教育产品提供可能带来的政府失灵

众所周知，市场经济条件下公共财政的存在依据是市场失灵，指纯粹市场机制的现实调节结果不能达到理想状态。市场缺陷有两种类型：第一种是条件性市场缺陷，指现实的市场环境不符合纯粹市场经济所必需的条件假定，如垄断、外部性、信息不充分和信息失真、交易成本等问题。由于这类市场缺陷的存在，使得市场机制不具备充分发挥作用的前提条件，自然无所谓理想调节效果。第二种是原生性市场缺陷，指即使具备纯粹市场经济所需要的完整运行环境，市场机制的调节效果也有不尽如人意之处，如经济周期性运行、分配上两极分化等。为了克服或者是缓解这些市场失灵之处，需要公共财政介入市场经济运行过程。但是，没有理由认为，国家介入经济生活后，肯定能克服所有市场失灵，自然引导经济运行步入协调和高效率。我们不能像斯蒂格利茨讽刺的那样："只听了第一个乐手的演奏（感到不满意），就将奖杯授予第二个乐手。"[①] 萨缪尔森（Paul A. Samuelson）也曾经指出："应当先认识到存在着市场失灵，也存在着政府失灵……当政府政策或集体运行所采取的手段不能改善经济效率或道德上可接受的收入分配时，政府失灵便产生了。"[②]

政府失灵（government failure）可以概括为以下三种情况：第一种是政府干预经济活动达不到预期目标。由于缺少足够的财力资源，政府面对众多的"市场失灵"与多元化的社会发展目标，其干预行为往往顾此失彼，陷入干预不足与调控疲软的困境。第二种情况是即使政府干预经济活动达到了预期目标，但是成本高昂，造成大量的社会资源浪费。在这种情况下，政府干预不仅不能有效地克服"市场失灵"，反而加剧和引发其他矛盾，不利于资源配置的优化。第三种情况是虽然政府干预经济活动达到了预期目标，效率也较高，但

---

① ［英］安东尼·B. 阿特金森、［美］约瑟夫·E. 斯蒂格利茨著，蔡江南，许斌，邹华明译. 公共经济学［M］. 上海：上海三联书店，1994：11.

② P. A. Samuelson and W. D. Nordhaus：Economics，16th Edition，McGraw – Hill Book Company，1998：769.

却带来了其他负面效应，比如政府干预引致政策手段与宏观目标的矛盾与冲突、政府机构扩张、寻租活动猖獗等①。

在教育产品的提供过程中，政府失灵可能体现为以下六个方面。

（一）政府对教育发展规律认识出现偏差，导致对教育产品属性定位不准确

教育有公共性，但教育公共性程度的确定有赖于政府对经济社会发展趋势和教育发展规律的认识水平，一旦出现认识偏差，就会对教育产品的公共性程度或财政保障程度、义务教育时间长度和起止阶段、财政对不同阶段教育的保障结构、不同地区间教育财政的保障力度等的判断和决策出现重大失误，导致教育事业发展受到损失。我国曾经在长时间没有教育立法，对教育事业发展完全处于无序状态，导致长时间内义务教育不义务，受教育者财务负担沉重，相应阶段的教育发展举步维艰，对整个社会的起点公平环境造成很大的负面影响；而非义务教育阶段却享受到过高的财政保障程度，比如高等教育免费提供。如此本末倒置，将我国教育事业发展陷于基础教育不牢、民众怨声载道、起点公平严重不到位，分配差距纵向传递的境地。

（二）政府出台的教育政策容易受到相关利益集团的影响

西方政治体系中，政治家为了在选举市场中取胜，一方面接受相关利益集团的政治献金和其他帮助；另一方面在上台后也会通过制定有利于这些利益集团的政策和有倾向性的操作方式，实现对特定利益集团的利益回报。我国的政治生态与此完全不同，执政者一般不可能接受特殊利益集团的政策绑架，但是有些行政人员也会较多出现对自己的直接服务对象和管理对象给予适当照顾的"中国特色"的寻租活动。对教育主管部门来说，可能在出台政策时，更多地考虑教育系统从业人员的利益诉求，诸如，在治理各种教育乱象时，更多地顾及部分教师和教育机构管理者的利益，放慢治理对策出台和实施的节奏，不惜伤及教育对象和整体教育事业发展的宏观利益；教育政策的制定者或许会在决策过程中注入"出身"情结，对自己毕业学校和家乡学校等给予某种程度的

---

① 武彦民，陈旭东，张平. 财政学（第二版）［M］. 北京：经济科学出版社，2017：34.

照顾，等等。这些隐性寻租活动虽无明显的、直接的利益交易，但对我国教育事业发展的伤害也是非常大的。

（三）部门利益观点可能会导致一些教育决策缺乏效率

从道理上讲，主管部门对自己管理的事业和管理对象的了解是比较透彻的，据此作出的政策应该是富有效率的。比如，教育主管部门制定的教育事业发展规划、不良教育现象的治理对策、教育机构的改革方案、教育资源的分配办法等。但是，片面部门利益观点也是如影随形地伴随教育决策者左右。比如，片面强调教育事业发展的重要性，以及教育改革的艰巨性，迫使政府将更多的财政资源和其他资源划归教育部门支配，导致教育部门资源相对富余，降低教育资源利用效率；教育部门现在掌有大量国有资源，特别是一批由财政性资金投入形成的公用设施（体育场、图书馆、文化中心等），本来有可能为社会服务，允许广大民众适当使用，但教育机构服从于自身管理方便和其他自身利益需要，罗列种种理由，将普通民众阻挡在国有资源正常使用者行列之外，同时也降低了国有资源的利用效率；教育机构为了实现自身快速扩张，有可能钻某些发展政策的漏洞，吸收过量的社会资金特别是银行信贷资金，形成极高的负债比率，以至于难以用正常的资金来源偿还债务本息，又利用自身的所有制特权，倒逼财政部门被迫向学校超额注资，以解债务之困，扰乱正常的财政秩序，降低财政资金的使用效率。

（四）教育主管部门可能强化自己对教育事业发展的垄断者地位

本来教育事业发展的公共性特质使其天然具有一定程度的垄断特性。就当前来看，义务教育阶段肯定由政府垄断供给；非义务教育阶段，比如高等教育等，也基本由国办高校为主；即使是学前教育阶段，政府兴办的幼儿园也在总体上居于支配地位[①]。但是，如果教育管理部门凭借自己的管理者地位，过分强化自己的自然垄断甚至是行政垄断地位，对民间投资的教育阶段和机构横加

---

① 根据教育部发布的"2016年全国教育事业发展情况"，当年民办幼儿园15.4万所，比上年增加7827所，占全国总数的64.3%；入园儿童965.1万人，比上年减少33.1万人，下降3.3%；在园儿童2437.7万人，比上年增加135.2万人，增长5.9%，占全国在园幼儿总数的55.2%。尽管民办幼儿园在幼儿园数量和在园幼儿总数上占据过半比重，但由于隶属关系复杂，利益主体多元，又受到国家主管部门多种方式节制，总体上看，幼儿园层级的发展状况也是受到政府部门控制的。

阻挠，在各个教育环节上设置障碍，在各种教育资源分配上厚此薄彼，必然会打击民间资本进入教育事业的积极性，迟滞我国教育事业发展速度，降低我国教育事业发展质量。

（五）教育决策的信息依据可能不能充分反映真实民意

政府决策必须体现广大民众的要求，符合最广大人民的公共利益，是所有现代政府的共同追求，对我国社会主义国家的政府来讲，更应如此。但是因为存在许多主观、客观条件限制，真正体现上述本质要求的政府决策其实并不容易实现。其中的限制条件主要体现在以下三个方面。

一是现存的决策信息收集机制并不足以完全反映普遍民意。我国社会大众因为受到即有受教育程度、组织化程度、交通通信的使用程度等方面的限制，他们的民意表达和民意"通达天庭"的能力大不一样，信息表达的优势方会更多地转化为教育决策，而劣势方则很难将自己的诉求转化为决策依据，甚至丧失对现有教育政策的评判机会。就我国当前现状来看，官员阶层的诉求、国家权力机构组成成员的诉求、城市居民的诉求、沿海地区的诉求、高端行业的诉求、垄断行业的诉求等，可以比较容易成为政府教育决策的直接依据；而普通民众、农村居民、贫困地区居民、中西部居民、内地居民等的诉求，则不太容易进入教育决策的信息视野。

二是现有信息收集机制本身也有一些不利于反映普遍民意的地方。我国当前教育决策的信息收集机制主要是决策官员、政府组成部门官员、人大系统、政协系统、专家学者、高学历人员、富人阶层提供的，这些信息提供方一方面有高度重合性；另一方面他们也难以抽出足够多的时间用于收集他们应当代表的普遍民意，凭经历、凭感受、凭良心，甚至是凭自身利益和小团体利益是这些社会精英向决策层提供决策信息的重要考量。

三是现在信息收集的技术手段不足以支撑收集普遍民意的需要。抽样调查而不是大数据整理、交通闭塞而不是普遍通达、网络使用率较低而不是全民皆网民等，都使得即使决策层想收集普遍民意也难以做到，或者实施成本太高，以至于没有实现信息普遍收集的现实条件。当然，上述问题，不仅存在于我国，而且是世界各国普遍面临的问题。

第三章

我国教育产品公共性的发展
历程及基本走势分析

前面各章已经在理论上证实教育是准公共品（混合物品）。长时期来，政府就对教育产品的提供承担一定责任。但是教育又是制度性公共品，它作为公共性物品的程度、结构等，又因为政府对教育功能、教育对象分布、教育与经济社会发展的关系等基本看法的不同而不同。故此，我国历代政府承担的教育发展的责任和结构等很不一致。但总体上，教育产品的公共性在不断提升，我国教育财政的发展趋势和世界各国教育财政的变化轨迹可以证明这一点，这也预示着我国财政对教育的总体支持力度依然处于不断上升的态势。

一、我国教育产品公共性的发展历程

（一）封建时代的"官学"

在中华人民共和国成立前的各个历史阶段，教育总体上以私人产品为主，其中实行最为普遍的教育形式当属私塾。私塾又称学塾、教馆、书房、书屋、乡塾、家塾，等等。私塾办学规模一般都不大，从几人到二十多人不等，教师也多为一人。按照施教程度，人们把私塾分成蒙馆和经馆两类。蒙馆的学生由儿童组成，重在识字；经馆的学生以成年人为主，大多忙于举业。私塾可能起源于西周时期，《学记》追述西周的学制说："古之教者，家有塾、党有庠、术有序、国有学。"私塾对中国传统文化传承发挥了很大的作用，但教学内容简单，教学规范性不强，教学对象差别很大，教育效果十分有限，私塾往往给中国传统社会两极分化和阶层固化等起着推波助澜作用。"私塾"一词也只是近代以后才逐渐流行，其背景则是官学和新式学堂开始在中华大地逐渐兴盛。

从历史角度来看，在我国自秦代起，就有政府提供教育的例子了。公元前221年，秦统一六国，为了控制舆论、统一思想，实行了大规模的"焚书坑儒"政策。《史记·秦始皇本纪》中李斯在建议焚书时说道："人善其所私学，以非上之所建立……私学而相与非法教，人闻令下则各以其学议之……禁之便。"因此，秦国全面"禁私学"是为了统一思想，而有不懂得政令的，就"以吏为师"，让官吏去帮助老百姓解释和学习政策，并在各乡设置"三老"，专门负责教化乡里的百姓。看起来，官学从一开始就是以强化民众对政治统治的信心，稳定统治秩序为己任的。

到汉武帝时期，采纳了董仲舒连上的三篇策论，史称"天人三策"。其中就有建立太学，改革人才选拔制度的建议。一时间，汉朝太学兴立，如同今日的公立大学。鼎盛时期，汉朝有数万学生在太学学习。此时国家直接提供高等教育，并确立人才培养的方向，将儒学经典作为太学学习的重点。太学的设立是中国封建教育历史上的一大创举，之后各朝各代均沿袭了这一制度。汉代除太学外，还有官邸学，作为贵族和皇室成员学习的场所。

盛唐时期，社会安定，民生富足，国力强大，确立了相当完备的教育制度。唐代的官学十分兴盛，有府学、州学、县学等，初步确立了分级办学，分级管理的教育行政体制。唐代科举制度的兴起也使教育具有了前所未有的重要性，打破了自魏晋以来，门第和阀阅垄断政治权力的局面，以科举考试为主的中国特色官僚体制开始形成。

宋代的官学制度既包含中央官学，又包含地方官学。在中央官学方面，宋朝在国子监下设置教授经学的国子学、太学，传授各种专门知识和技艺。在地方官学方面，宋朝仿唐朝，按照地方行政区域建立学校，州以下设置教授儒学经典的学校。国家单独设立学田，分配给学校，用作学校的固定经费。宋代地方官学均有相应的定额学田，田租收支由学校支配。

明代封建统治者建立了比唐宋时期更为完备的教育体制，学校教育制度、官学教育也一度十分繁荣，但到后期逐渐成为科举制度的附庸。明代的中央官学包括南京国子监、中都和北京国子监以及国子监旁支的宗学和武学。由于中都国子监存在的时间较短影响也有限，所以后世提到国子监就只有南北两监。国子监的学生称之为监生，明朝政府给予监生非常优厚的生活条件，不仅不必为衣食担忧，还可以携带家属入学，支取粮食六斗作为口粮。而国子监的老师则均按照品阶不同发放俸禄，同官员一样。明代的地方官学包括儒学、武学、医学、阴阳学和社学。在明朝初年"大建学校，府设教授，州设学正，县设教谕，各一，俱设训导，府四州三县二"①。明代地方官学教师的主要经济来源是政府发放的俸禄，以及划拨给学校的学田。

清代的官学制度主要沿袭明朝，分为中央官学和地方官学两大体系，官学系统单一而完整，满、蒙等少数民族的教育得到了更多的重视。

总而言之，在封建时期，虽然历朝政府均对教育十分重视，并对受教育者和教育工作者给予财政上的很大支持，但总体上教育的保障水平较低，教学内容单一，大多以传统经学为主，科学知识的教育缺失，教育的基本规范比较确定，"罢黜百家，独尊儒术"，教育的公共性水平不高，只有少部分能负担得起读书的家庭子女能够得到教育机会，普通民众接受系统教育的比率极低，有限的官学教育基本成了统治阶层的专利，文盲依然是社会成员的主流。

（二）民国时期的教育保障

民国时期，国家大部分时间处于战争与分裂状态。但令人意想不到的是，在战乱的时局下，民国的教育事业十分发达，在民国时期筹建的一些大学甚至达到了国际上很高的水准，大师层出不穷，人才闪耀。

民国时期，中央政府根据国家税和地方税的划分标准，来确定教育的经费负担。通常大学教育经费由中央负担，中小学教育经费由省市县地方负担，专科学校除少数直辖中央的由中央负担外，大部分各省设立的专科学校由各省负担。私立大学、专门学校以及学术团体由中央政府酌情予以补助。中央教育经费主要由中央财政拨款，经费的多寡主要与中央政府收入挂钩。地方教育经费沿袭旧规，专款专用。教育专款主要来税收、学费和行政收入等。从体制上来讲，民国教育制度的公共性进一步增强，而且在废除科举后，科学技术的发展

---

① 商传. 明代文化史［M］. 上海：东方出版中心，2007.

也十分迅速，接受教育的人数和质量都显著提升。

　　然而，在动荡的战乱时期，财政的拮据使得原本有限的教育经费也时常捉襟见肘，难保按时到位和专款专用。中华民国成立初年，新生的政权为发展教育，想方设法增加教育的投入。1912 年，时任教育总长的蔡元培曾说："国家无论如何支绌，教育经费万难减少。"随后他提出了筹措教育经费的方法：专门教育经费以国家税收或财产作为基本金；普通教育经费以地方税或地方政府财产作为基本金。为补充国家教育经费的不足，政府还鼓励私人办学，并制定了一系列捐资兴学的办法。1917 年后，由于政局混乱、战争不断，军费开支极大，教育经费多被挪用。按 1919 年民国中央预算，军费支出占预算支出的42%，而教育经费支出不及预算支出的 1%。[①] 许多学校因经费短缺难以维持。因此，当时的教育界人士发起了教育独立运动。1920 年，全国教育联合会第六届年会通过了《教育经费独立案》，同年 12 月，民国政府迫于压力，决定征收所得税用作振兴教育提倡实业，并颁布《所得税补充教育经费酌定分成办法》，规定所得税总数，扣除应征奖励费外，七成作为教育经费，三成作为实业经费。在补充教育经费的七成税收中规定五成专门办理国家教育，两成专门补助地方教育。但由于当时军阀混战，根本无法推行。南京国民政府成立之后，大学院院长蔡元培针对教育经费被南北军阀随意侵占挪用等积弊，于1927 年提出《教育经费独立案》："主张筹备教育银行，拨各项附加税作为基金，为提高教育经费之预备。要求政府通过全国财政机关，嗣后所有各省学校专款，以及各种教育附税，暨一切教育收入永远悉数拨归教育机关保管，实行教育会计独立制度，不准丝毫拖欠，不准擅自截留挪用，一律解存职院（大学院），听候拨发。"同年国民政府公布的《大学教员资格条例》规定，大学教员的月薪，教授最高月薪达到 600 元，与国民政府部长基本持平。中小学教师的工资水平和公务员大体相同，算是白领阶层。这个议案虽然经过国民政府的批准，在各个省实行，但当时全国尚未完全实质上统一，根基不稳，地方各个派系阳奉阴违，很多学校的经费，因为财政拮据而无法维持陷入了困境，上面那些看似挺好的制度规定，大多相当于画饼充饥，很难有完全兑现的机会。1932 年 2 月 20 日，正是当年旧历正月十五，通常是准备开学的日子，而在当

---

① 卢绍稷. 中国现代教育 [M]. 北京：商务印书馆，1933：156.

时的学子都得待在家里继续假期，因为学校已经断"粮"了。在 2 月 19 日的《湖南通俗日报》刊登的各校校长呼吁教育厅筹款解决经费的提案里，校长们哭诉了无薪可发的困窘："一至期终，则商店之债务，厨房之伙食，整日向校坐索，尤以去职之教职员全期俸薪，既告贷之无门，复拖欠之不可，點金乏俯，应付维艰。"① 1929 年国民党第三次全体大会通过了"三民主义教育宗旨"② 后，国民政府加紧教育立法。1930 年教育部公布《确定教育经费计划及全方案经费概算》，规定了教育经费的来源及其分配办法。其中完全用作教育经费的收入包括：沙田官荒收入、遗产税、屠宰税、牙贴税、寺庙财产、田赋教育附加税、烟酒教育附加税、庚款和其投资收入，以及地方原有的各种教育附加捐税。部分用作教育经费收入的有出产各税、营业税、消费各税、房捐铺税、所得税等。自此之后，虽然教育经费的独立保管，在中央需有国库开支而无法实现，但相比北洋政府时期，侵占挪用教育经费的情况多少有所改善，教育经费的计划数额因财力所限而不充裕，但却相对稳定并呈逐年上涨的趋势。1936 年 5 月 5 日，经过长达三年的反复讨论、修订，由吴经熊等法学家参与起草的《中华民国宪法草案》终于正式公布（也被称为"五五宪草"）。1937 年 5 月 18 日又做了一次修订。在这个宪法草案中，第七章关于教育的第 131~138 条中，对教育经费筹集和拨付做了明确规定，"教育经费之最低限度，在中央为其预算总额的百分之十五，在省区及县市为其预算总额百分之三十……"此前河南、浙江、湖南、广东等各省宪法中也有教育经费占比 20%、25% 和 30% 左右的明确规定。然而直到 1936 年，教育文化经费实际上只占到全国预算总额的 4.28%。北大教授胡适于 1937 年 7 月 4 日在《大公报》发表《我们能行的宪政与宪法》一文，指出"五五宪草"第 137 条

---

① 《经费短缺，湖南各校延期开学》，潇湘晨报 2014 年 2 月 20 日，【旧闻】栏目。

② 1928 年南京国民政府大学院提出所谓根据三民主义而确定之"中华民国教育宗旨"为："（一）恢复民族精神，发扬固有文化，提高国民道德，锻炼国民体格，普及科学知识，培养艺术兴趣，以实现民族主义。（二）灌输政治知识，养成运用四权之能力；阐明自由界限，养成服从法律之习惯；宣扬平等意义，增进服务社会之道德；训练组织能力，增进团体协作之精神，以实现民权主义。（三）养成劳动习惯，增高生产技能，推广科学之应用，提倡经济利益之调和，以实现民生主义。提倡国际正义，涵养人类同情，期由民族自决，进于世界大同。"后来在 1929 年 3 月国民党第三次全国代表大会通过，由南京国民政府正式公布之"三民主义教育宗旨"，将上述宗旨概括为："中华民国之教育，根据三民主义，以充实人民生活，扶植社会生存，发展国民生计，延续民族生命为目的；务期民族独立，民权普遍，民生发展，以促进世界大同。"

规定的"教育经费之最低限度",与其写在那里却做不到,还不如删去,他主张干脆把教育这一章完全删去,因为他认为宪法里不可以有一条不能实行的条文。① 抗日战争爆发后,日本帝国主义的大举入侵使中国正在蓬勃发展的教育事业受挫,军费急剧增加,教育经费相对萎缩。尽管抗战时期,"国民政府有计划地将大学迁往内地,沦陷区 90% 的高级知识分子、50% 以上的中级知识分子和 37 所高校都转移到了大后方。""抗战期间,由中学到大学毕业,完全依赖国家资金或公费的学生,共达 128000 余人,这其中就包括了'两弹一星'元勋钱骥、姚桐斌、邓稼先、程开甲、屠守锷、陈芳允、任新民、朱光亚、王希季 9 人,还有李政道、杨振宁这 2 位后来的诺贝尔奖获得者。8 年抗战期间,全国专科以上高校增加了 33 所(31%),教员增加了 3623 人(48%),学生增加了 41575 人(99%)。中小学教育也全部免费,学龄前的儿童入学率从战前的 43.4% 上升到了胜利前的 76%,初等学校学生数量几乎是战争爆发后的 2 倍。在职业教育方面进步更加明显,在校学生人数由战前的 7000 人增长到了 25000 余人。""抗战期间国民政府还选拔了 1566 名的自费或公费留学生赴美国和欧洲各国,其中包括了后来的'两弹一星'元勋王大珩、黄纬禄、任新民、吴自良、陈芳允、彭桓武、屠守锷、郭永怀 8 人,超过了'两弹一星'元勋总数的 1/3,另外还有杨振宁。当时在国外还约有 2500 名中国公费、自费留学生,其中家乡沦陷,断绝了经济来源的约占 60%,国民政府决定拨款给予资助,总计数额达数十万美元(留美中国学生月津贴 75 美元,当时美国教师的平均月薪不过 120 美元)。可以说,抗战期间教育经费的支出,仅次于军费,居财政支出的第二位。"② 实事求是地说,抗战时期的国民政府为教育生存及有限的发展也算竭尽全力,但国力凋敝的现实使该阶段的教育公共性十分有限,教育在总体上还是精英教育,并不能改变中华民族整体素质低下的残酷现实。抗日战争胜利后,国民政府既面临着重新发展教育的契机,又存在着经费匮乏的困难,在社会各界发展教育、和平建国的舆论下,1946年 12 月,国民大会通过《中华民国宪法》,明确规定教育科学文化经费在中

---

① 傅国涌. 民国宪法中的教育经费比例 [J/OL]. 2014 年 6 月 5 日,http://blog.sina.com.cn/s/blog_48fe46d90102epmo.html.

② 盘子微谈. 不灭的薪火:民国教育支出仅次于军费 [J/OL]. 2016 年 10 月 23 日,http://www.360doc.com/content/16/1023/20/7888036_600809084.shtml.

央不得少于预算总额的 15%，然而实际情况却与宪法大相径庭。随着内战的爆发，大量财力被用于战争，教育经费被挤占、侵吞、贪污的状况十分严重。

民国时期，特别是南京临时政府时期为筹措教育经费做出了巨大的努力。南京国民政府成立后，教育经费的保障也一度通过法律甚至是宪法的形式确定下来，管理也较为规范。但连年的战争和吏治的腐败使得国民政府对于教育经费的保障难以落到实处。因此在民国时期，虽然教育的公共性得到了比以往更好的发展，教育经费保障也以制度的形式确定了下来，但长久的战争与严重的腐败使得教育进一步的发展受阻，大多数普通中国人依然无法得到较好的教育，总体上教育产品的公共性水平不高，国民整体受教育水平极低，文盲在中国社会中依然占有极高比重，国民素质难有实质性提升，综合国力和国际地位只能在极低水平徘徊。

（三）中华人民共和国成立初期的教育保障体系

1949 年中华人民共和国成立后，中央政府就成立了教育部。1951 年教育部召开全国初等教育及师范教育工作会议，明确提出，从 1952 年开始，争取十年内基本普及小学教育。1957 年 11 月，中共中央文教小组召开了各省文教工作听证会议，会议提出，采用办全日制、二部制、建议小学等各种学校的办法，力争在第二个五年计划期间基本普及小学教育；在第三个五年计划期间，通过办全日制、二部制、农业中学、业余中学、广播学校等各种各样的途径，力争普及中学教育。1952 年，教育部发布了《关于接办私立中小学的指示》，提出将全国私立中小学改为公立，并在 1956 年之前全部完成，同时提出要在 12 年内普及小学义务教育，后因政治的动乱局势而搁浅。1954 年 9 月 20 日，全国人大一届一次会议通过的第一部《中华人民共和国宪法》对国民受教育权利作出了规定，其中第 94 条明确提出："中华人民共和国公民有受教育的权利。国家设立并且逐步扩大各种学校和其他文化教育机关，以保证公民享受这种权利。""国家对于从事科学、教育、文学、艺术和其他文化事业的公民的创造性工作，给以鼓励和帮助。"中华人民共和国成立之初，实行高度集中的财政体制，教育经费列入国家预算，统一领导、分级管理。对教育采用统一列支、高度集中的财政管理体制，按中央、大行政区、省三级统包教育经费，由财政统一列支。1957 年之后，中央政府把基础教育管理权下放到地方，由地方财政安排，实行"条块结合，以块为主"的教育财政体制。历史进入 1966 年后，中国大地进入长达十年之久的"文化大革命"时期，教育发展进程整体上被打乱，教育发展规律被肆意践踏。各类学校停课"闹革命"，批判智育第一，提倡以劳代教，教育事业遭受毁灭性打击。"文革"中的中国，中小学教育学制并存有三种学制：部分省、自治区、直辖市将中小学教育合并为九年制（小学、初中、高中阶段分别是五、二、二）；部分省、自治区、直辖市实行十年制，即五、三、二；还有部分省、自治区、直辖市在农村实行九年制，在城市则实行十年制。"文革"时期的教育乱象由此可见一斑。在教育经费保障上，1972 年以后，基础教育实行"以块为主"的方式，经费由中央按地方需要切块单列下拨，这一时期教育经费基本来自中央财政和个人学费，大部分成本由国家直接承担。总体上，中华人民共和国成立初期的教育事业依然保持了较强的公共性，财政经费是教育事业发展的主要推动力，只是由于经济发展一方面基础过于薄弱，财源建设和财政对教育注资能力本来就很薄弱；另一方面又屡受政治运动干扰，经济增长大起大落，财政体制松紧多变，导致教育发展的财政保障总体水平还是比较低的。

（四）我国进入改革开放新时期的教育保障体系

进入改革开放新的历史时期后，我国整个教育事业获得了快速发展，教育公共性大为提升，各阶段教育产品的社会属性基本确定并稳定下来，教育结构更加协调，财政对教育的保障能力和水平大为提升。其间尽管依然存在教育财政保障结构偏差、公共性与市场性的关系处理不太到位等问题，但总体上看，这一阶段教育财政保障还是有了很大进步的。根据教育产品公共性程度不同，可以分为义务教育和非义务教育前后两个阶段。我们据此可以将我国新时期的教育财政保障体系划分为如下两个阶段。

第一阶段的特征是义务教育"不义务"，非义务教育"义务"。首先看义务教育。我国在 1986 年颁布《中华人民共和国义务教育法》，其中规定："凡年满六周岁的儿童，不分性别、民族、种族，应当入学接受规定年限的义务教育。条件不具备的地区，可以推迟到七周岁入学。……义务教育事业，在国务院领导下，实行地方负责，分级管理。……实施义务教育所需事业费和基本建设投资，由国务院和地方各级人民政府负责筹措，予以保证。国家用于义务教育的财政拨款的增长比例，应当高于财政经常性收入的增长比例，并使按在校学生人数平均的教育费用逐步增长。地方各级人民政府按照国务院的规定，在城乡征收教育事业费附加，主要用于实施义务教育。国家对经济困难地区实施义务教育的经费，予以补助。国家鼓励各种社会力量以及个人自愿捐资助学。国家在师资、财政等方面，帮助少数民族地区实施义务教育。"在此之前，并没有以法律形式确立的义务教育制度。即使是在 1986 年以前，从小学入学到初中毕业的九年教育在《中华人民共和国义务教育法》出台前是没有制度保障的，因而此时不可能具有较高的公共性。而即使在 1986 年以后，免费作为义务教育的现实特征也并未落到实处。1986 年《中华人民共和国义务教育法》明确地规定："国家对接受义务教育的学生免除学费。"但现实问题是杂费仍为接受义务教育的学生需要负担的费用，公共品的现实特征仍不满足，因此其公共性程度自然大打折扣。在 1992 年发布的《中华人民共和国义务教育法实施细则》中，取消了免收学费规定，另作"实施义务教育的学校可以收取杂费。收取杂费的标准和具体办法，由省级教育、物价和财政部门提出方案，报省级人民政府批准"的规定。这事实上动摇了制度公共品义务教育的制度保证，导致了公共性程度的下降。直到 2006 年，修订后的《中华人民共和国义务教育法》第二条中明确规定了："国家实行九年义务教育制度。义务教育是国家统一实施的所有适龄儿童、少年必须接受的教育，是国家必须予以保障的公益性事业。实施义务教育，不收学费、杂费。国家建立义务教育经费保障机制，保证义务教育制度实施。"义务教育公共品免费的现实特征总算满足了。可以说在此之前的义务教育并不完全"义务"。

其次，再看非义务教育。以高等教育为例，在改革开放以前，我国实行计划经济，高等教育实行"统包、统分、统管"的"三统"政策，全部培养流程被置于国家高度计划控制之下，所有培养成本由国家全部负担，自然毕业后也由国家统一安置工作。1977 年底的高校招生制度改革，重新恢复高考，彻底否定此前依政治条件"报送"上大学，完全违背高等教育发展规律的招生制度，事实上打响了改革第一枪。但直到1984年，我国高等教育的"产销"流程和培养成本补偿方式与过去基本相同，不收取任何学杂费，并且根据学生自身情况发放补助。1984年由国家教委、国家计委、财政部联合下发的《高等学校接受委托培养学生的试行办法》（以下简称"《办法》"）规定："为了适应社会主义现代化建设的需要，高等教育事业要加速发展，培养数量较多、质量较高、多种规格的各类专门人才。按现行管理体制，高等学校在保证完成国家下达的指令性招生计划的前提下，试行委托培养学生的办法，可以发挥高等学校的办学潜力，开辟高等学校经费来源，加强学校和用人单位的联系与合作，打通高等学校为城乡集体所有制单位及个体户培养专门人才的路子，推动高等教育的改革，达到增加培养数量，提高教育质量，更好地适应经济建设和社会发展对专门人才的实际需要的目的。"至此，普通高等学校开始在计划外招收委培生。根据《办法》中的规定："根据谁委托培养学生谁负责解决经费的原则，委托单位（包括城乡集体所有制企事业单位和个体户）要负担为其培养的学生所需的基本建设投资和经常费。"这些学生自己或其单位负担部分培养费或学杂费。而普通高校在国家计划内招收的公费生和定向生费用依然由国家负责。1992年6月，国家教委、财政部、国家物价局联合发出了《关于进一步完善普通高等学校收费制度的通知》，文件提出："普通高等学校可根据本地区、本校和学科特点研究拟定学杂费、住宿费、委托培养费、函授、夜大学及短训班培训费等收费标准，并按行政隶属关系，地方所属普通高等学校报省、自治区、直辖市人民政府批准；中央各部门所属普通高等学校报中央主管部门批准，抄报财政部、国家物价局备案。"至此计划内与计划外招生实现了并轨，并统一对所有被录取的学生实行收费上学。但直到1998年，我国才普遍地实施了交费上大学的政策。1998年之前，我国的高等教育长期处于免费或近似免费的状态，这虽然与国情有关，但也确实使得高等教育在这一阶段作为非义务教育变得"义务"了。高等教育作为法定非义务教育阶段，其享受到的财政保障程度往往超过九年制义务教育阶段，其事实上的公共性程度已经大于本应是纯公共品的义务教育阶段了。这样的本末倒置现象尽管稍显荒唐，但却堂而皇之在我国存在了相当长时间。

教育产品在经历了第一个阶段的"混乱"之后，进入新世纪后经过多年慢慢调整，进入了"渐归正途"的第二阶段。该阶段最大的亮点是我国教育的普及程度大幅度提升，教育的公平性更加彰显，财政综合保障程度大为改善。义务教育自 2006 年经过修订后的《中华人民共和国义务教育法》颁布实施后，其公共性基本已经毋庸置疑了。小学学龄儿童净入学率由 2006 年的 99.3% 实现稳中有增，2017 年达到 99.9%。小学升初中升学率在 2006 年已经达到 100%，此后虽小有下降，2017 年也维持在 98.7%，基本实现应上尽上。九年制义务教育阶段学费、杂费全部由财政资金负担，该阶段教育接受与否与家庭经济条件的联系已经大为降低。适龄儿童入学具有强制性，并具有法律保障，不仅"各级人民政府及其有关部门应当履行本法规定的各项职责，保障适龄儿童、少年接受义务教育的权利"，而且"适龄儿童、少年的父母或者其他法定监护人应当依法保证其按时入学接受并完成义务教育"。非义务教育也实现了成本分担政策，政府、社会和个人分别承担一定费用，并且根据教育阶段的公共性，分开确定政府财政资金保证比例，解决了非义务教育发展中资金不足的问题，促进了非义务教育的发展。从高中教育发展来看，2002～2017 年，初中升高中升学率从 75.7% 增至 94.9%，高中生在校人数从 2002 年的 1683.81 万人增长至 2016 年 2366.65 万人，高中升学率由 1998 年的 46.1% 快速提升至 1999 年的 63.8%、2002 年的 83.5%、2016 年的 94.5%。尽管在法律层面，高中教育属于非义务教育阶段，但也基本实现应上尽上，普及性几近极致，说明高中阶段的财政保障程度也是相当高的，基本可以保证满足高中阶段求学学生的教育需求。从高等教育发展来看，近二十年来，我国高等教育已经实现了精英教育向大众教育的过渡，高等教育公平性和公共性大为提升。主要体现在：一方面，高中毕业生升入大学的学生比例大幅度提高，由 1997 年的 48.6% 提高到 2016 年的 94.5%，上大学再也不是只有极少数人才能企及的奢侈行为，大学的经济门槛已经低到绝大多数应届高中毕业生可以轻松迈过的高度（但相对于优质大学教育资源而言，供给与需求之比还是很低的）；另一方面，我国高等教育毛入学率已经由 1997 年的 9.1% 快步上升等 2002 年的 15%、2012 年的 30%、2016 年的 42.7%[1]，早已跨过 15% 的大众教育底线[2]，

---

① 根据教育部发布的最新统计数据，我国 2017 年高等教育毛入学率已经达到 45.7%。

② 根据美国学者马丁·特罗的研究，如果以高等教育毛入学率为指标，则可以将高等教育发展历程分为"精英、大众和普及"三个阶段。他认为当高等教育毛入学率达到 15% 时，高等教育就进入了大众化阶段。

接近50%的上线。关于我国各教育阶段教育普及程度，如表3.1和图3.1所示。教育作为我国大力发展的公共事业在最近十多年中成效是显著的，2002年我国的人均受教育年限为7.73年，2012年达到人均8.67年。[①]

表3.1　　　　我国1978年以来各阶段教育升学率及高等教育毛入学率表　　　　单位：%

年份	学龄儿童净入学率	小学升学率	初中升学率	高中升学率	高等教育毛入学率
1978	95.5	87.7	40.9	—	2.7
1990	97.8	74.6	40.6	27.3	3.45
2000	99.1	94.9	51.2	73.2	11.2
2010	99.7	98.7	87.5	83.3	26.5
2011	99.8	98.3	88.9	86.5	26.9
2012	99.9	98.3	88.4	87.0	30.0
2013	99.7	98.3	91.2	87.6	34.5
2014	99.8	98.0	95.1	90.2	37.5
2015	99.9	98.2	94.1	92.5	40.0
2016	99.9	98.7	93.7	94.5	42.7
2017	99.91	98.8	94.9	—	45.7

资料来源：国家统计局网站；教育部网站发布历年教育事业发展统计公报。

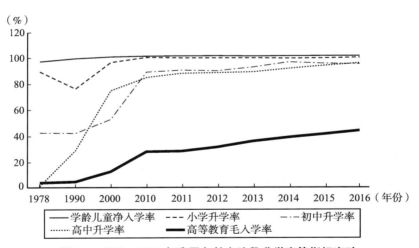

图3.1　1978~2016年我国各教育阶段升学率等指标变动

资料来源：国家统计局网站；教育部网站发布历年教育事业发展统计公报。

[①] 数据来源：教育部网站 http://www.moe.gov.cn/publicfiles/business/htmlfiles/moe/s7567/list.html

虽然自改革开放以来，伴随我国经济快速发展，财政资金快速集聚，教育作为制度性公共品发展迅速，且财政资金保障的结构也日趋合理，但改革仍不彻底，还存在大量问题亟待解决。

首先，义务教育的发展目前还面临诸多问题。纵观世界各国，义务教育发展的规范化和成熟化都经历了相当长时间的发展和积累。普鲁士最早在1825年开始强制推行义务教育，1853年美国马萨诸塞、纽约两州出台《强迫义务教育法》，法国1881年颁布了《费里法》确立了义务教育制度，英国1870年颁布了《初等教育法》确立了义务教育制度，日本1890年明治维新时期也确立了义务教育制度。在发达国家百余年的义务教育发展历史中，始终难以摆脱教育均等和教育质量的两难问题，但基本共识是"平等优先，保证效率"。进入新时期，我国义务教育发展主要面临的问题仍然是教育机会均等化的问题。虽然目前在义务教育阶段，我国实行免除学杂费，但对于相当多的中西部地区的农村家庭来讲，孩子的基本生活费也是极大的负担，而基本生活费不能实现国家保障，事实上困难家庭的孩子也难以迈进义务教育门槛。这涉及义务教育阶段的免费口径问题，我们不能只是满足于免除学杂费，其他必需的求学费用也必须纳入免费内容，方能实现事实上的义务教育。对比国际发达国家的发展历程，我们可以看到，对于困难家庭学生的基本生活费，政府是可以完全覆盖的。社会公益组织也能给予义务教育阶段家庭困难学生以一定的资金帮助。以美国为例，2003年布什总统签署了《不让一个孩子掉队法》（"No child is left behind act"，NCLB）明确了"缩减差距，促进平等"原则。奥巴马总统上任后，进一步完善了NCLB，将资助工作融入成熟的税务系统中，推行教育券、个人减免税计划、奖学金减免税计划等一系列保障教育平等的措施，保障了贫困家庭的学生受教育的权利。保障范围包括了交通、营养午餐等基本生活费用。相比而言，目前我国并没有较为完善的义务教育保障制度，对于贫困家庭子女义务教育的保障，政府无论是在保障制度的建设方面，还是在资金保障水平方面，都有待于进一步的改善。

其次，非义务教育阶段也面临了诸多问题。先从高中阶段教育来看，我国目前的趋势是逐步的公共化。2016年我国初中升高中的升学率为93.7%，这一数字充分说明了高中教育公共性程度已经位于较高水平，将高中阶段教育纳入义务教育已经具备基本条件。从国际经验来看，有许多国家的义务教育已经涵盖了高中教育，德国义务教育年限为 13 年，英国美国均为 12 年，法国为 11 年。根据联合国教科文组织发布的全球教育概览，2010 年西南亚地区的平均义务教育年限为 5.7，东亚及太平洋地区为 8.3 年，东欧和中欧为 9.2 年，中亚为 9.9 年，拉丁美洲即加勒比海地区为 10.3 年，北美和西欧为 10.6 年，世界平均水平为 8.9 年。[①] 可以看出，世界上很多地区尤其是发达地区的义务教育年限并不止步于 9 年，这也应该是我国的未来发展方向。就目前来讲，已经有部分省份在高中教育阶段实行免费教育，高中阶段公共化趋势明显，财政资金保障程度势必要增加。因此，近期我国应该首先将高中阶段纳入义务教育法定阶段，将来可以依次将学前教育、高等教育纳入义务教育阶段，最终实现义务教育覆盖全部国民教育系列（当然这需要相当长时间的发展方能达到这样的高度）。

最后，高等教育阶段。我国的高等教育实行成本分担政策，由社会、政府和学生共同负担教育成本。目前我国高等教育有公办学校和民办学校。公办学校中成本分担的大部分由政府承担，民办学校则大部分由学生负担教育成本。2016 年我国民办高校 742 所（含独立学院 266 所，成人高校 1 所），比上年增加 8 所，民办普通高校占全国总数的 28.5%[②]。尽管 2016 年，全国各种形式高等教育在学总规模已经达到 3699 万人，高等教育毛入学率达到 42.7%，比上年提高 2.7 个百分点，早已步入大众教育层级，但相比其他教育阶段而言，我国高等教育的公共性程度依然较低，因此采用高等教育成本在国家和教育对象之间的适当分担政策既合乎情理，又有法律依据。从另外的角度看，如果将我国财政对高等教育的保障程度与发达国家的保障程度相比，我国的保障水平又实在低得可怜。我们使用较早的数据进行简单分析，可以将我国高等教育财政保障度与发达国家的差距清楚地显示出来。2009 年，我国高等教育生均财政性教育经费支出仅相当于主要发达国家 1/10，相当于美国的 1/20，虽生均支出数额远高于初等教育和中等教育，但由于培养成本更高，使其财政负担的培养成本比例还是比较低的，也使其公共性程度只能位于较低水平（见表 3.2，该

---

① 资料来源：联合国教科文组织网站，http://www.uis.unesco.org/Education/Pages/default.aspx
② 资料来源：教育部网站，《中国教育概况——2016 年全国教育事业发展情况》。

表使用的是 2009 年的数据，距今已近 10 年，未必能准确地描述我国与发达国家教育保障程度的差距）。而且，我国在高等教育人均经费支出上与其他发达国家的差距，总体上又高于我们跟这些国家在经济发展水平上的差距（见表 3.3）。当年我们与这些发达国家经济发展水平的差距一般在 10 倍左右，但高等教育经费保障度的差距基本在此数以上，与美国的差距更达到令人瞠目的 21 倍。因此，我国在《国家中长期教育改革和发展规划纲要（2010～2020 年)》中，要求务必将公共教育经费占 GDP 的比例提高至 4% 以上，高等教育又在其中得到更加有力的资金支持，其依据和迫切性可以从表 3.2 和表 3.3 中获得证明。

表 3.2 2009 年我国与 OECD 国家生均公共教育经费支出表

国家	初等教育		中等教育		高等教育	
	总额（美元）	比例（%）	总额（美元）	比例（%）	总额（美元）	比例（%）
法国	6373	20	10696	34	14642	46
德国	6619	21	9285	29	15711	50
日本	7729	23	9256	28	15957	48
英国	9088	26	10013	28	16388	46
美国	11109	21	12550	24	29201	55
中国	577	22	713	27	1374 *	51
OECD 国家平均	7719	25	9312	30	13728	45

注：* 计算使用汇率为 2009 年 12 月汇率：6.85 元 =1 美元。

资料来源：OECD，education at a glance 2012：OECD indicators。Wind 金融终端数据库。其中，每个教育阶段人均教育经费比例是该阶段人均经费与三个阶段人均经费的简单平均数之和之比。

表 3.3 2009 年我国与 OECD 国家各级教育人均经费与 GDP 差距表

国家	人均 GDP 差距		人均初等教育经费差距（倍）	人均中等教育经费差距（倍）	人均高等教育经费差距（倍）
	人均 GDP（美元）	差距（倍）			
法国	41631	10.84	11.05	15.00	10.66
德国	41732	10.87	11.47	13.02	11.43

国家	人均 GDP 差距		人均初等教育 经费差距 （倍）	人均中等教育 经费差距 （倍）	人均高等教育 经费差距 （倍）
	人均 GDP （美元）	差距 （倍）			
日本	40855	10.64	13.40	12.98	11.61
英国	38010	9.90	15.75	14.03	11.93
美国	47001	12.24	19.25	17.60	21.25
中国	3839				

资料来源：中国的人均 GDP 和年度平均汇率数据取自国家统计局网站；其他国家人均 GDP 数据来自世界银行网站；人均 GDP 差距是外国人均 GDP 与我国人均 GDP 之比，人均教育经费差距均根据表 3.2 中的外国人均教育经费与我国人均教育经费之比计算而来。

由表 3.2、表 3.3 中的数据不难看出，从量的角度分析，我国高等教育人均教育支出总体水平偏低的程度的确令人汗颜，而初等教育和中等教育经费保障度的差距也给人以极大压力，OECD 国家平均水平为我国 13 倍以上。考虑到 2009 年我国财政性教育经费为 12231 亿元，占当年 GDP 比重不到 3.6%[①]，不仅低于 4% 的规划目标，也低于表 3.3 中的发达国家，甚至也低于世界各国平均水平，因此，我们要大幅度增加人均教育支出，缓解与 OECD 国家的支出差距，首先是增加财政性教育支出比重，整体提升财政对教育事业发展的保障程度。从结构角度来讲，我国的教育支出比例同 OECD 国家相比，尽管高等教育获得的财政性教育经费在总量上占比只有 20% 多，低于中学和小学的各自 30% 多的比重，但高等教育生均财政支出数额依然远高于其他教育阶段，因此不可能对不同阶段教育的财政保障程度做过分有利于高等教育阶段的调整。但这并不意味着我们要停下对于高等教育投资的增长，也不意味着我们要将我国高等教育人均经费支出提升到与 OECD 国家比肩的水平，而是要在投资和经费上适当加快初等教育和中等教育的增长速度，同时保证高等教育发展平稳增长。另外，根据高等教育相对较弱的公共性和较高的市场化程度，我们要加快高等教育发展速度和质量，可资选择的增加投入渠道起码有三种：一是增加政府性投入，二是增加私人投入，三是双主体共同增加。

---

① 资料来源：国家统计局网站。

《国家中长期教育改革和发展规划纲要（2010～2020 年）》（以下简称《纲要》）标志着我国教育事业发展进入新阶段，教育公共性特质得到了机制性确认。《纲要》提出，各级党委和政府要把优先发展教育作为贯彻科学发展观的基本要求，切实保证经济社会发展规划优先安排教育发展，财政资金优先保障教育投入，公共资源优先满足教育和人力资源开发需要。《纲要》提出了教育发展的明确指标，基本普及学前教育；巩固提高九年义务教育水平；普及高中阶段教育，毛入学率达到 90%；高等教育大众化水平进一步提高，毛入学率达到 40%；扫除青壮年文盲。新增劳动力平均受教育年限从 12.4 年提高到 13.5 年；主要劳动年龄人口平均受教育年限从 9.5 年提高到 11.2 年，其中接受高等教育的比例达到 20% 以上，具有高等教育文化程度的人数比 2009 年翻一番。截至 2017 年底，上述目标大多已经完成，没有完成的也只有很小的差距。学前教育毛入园率达到 79.6%，小学学龄儿童净入学率达到 99.91%，初中阶段毛入学率 103.5%，高中阶段毛入学率 88.3%（只有 1.7 个百分点的差距了），高等教育毛入学率达到 45.7%（超过 2020 年规定目标 5.7 个百分点）①。另据教育部发展规划司司长刘昌亚在教育部新闻发布会上介绍，我国新增劳动力平均受教育年限已超过 13.3 年，相当于大学一年级水平，据规划目标 13.5 年只有 0.2 年的差距②。

关于经费投入，《纲要》有明确规定，各级政府要优化财政支出结构，统筹各项收入，把教育作为财政支出重点领域予以优先保障。严格按照教育法律法规规定，年初预算和预算执行中的超收收入分配都要体现法定增长要求，保证财政教育拨款增长明显高于财政经常性收入增长，并使按在校学生人数平均的教育费用逐步增长，保证教师工资和学生人均公用经费逐步增长。按增值税、营业税、消费税的 3% 足额征收教育费附加，专项用于教育事业。提高国家财政性教育经费支出占国内生产总值比重，2012 年达到 4%。义务教育全面纳入财政保障范围，实行国务院和地方各级人民政府根据职责共同负担，省、自治区、直辖市人民政府负责统筹落实的投入体制。非义务教育实行以政府投入为主、受教育者合理分担培养成本的投入机制。学前教育建立政府投入、社

---

① 资料来源：《2017 年全国教育事业发展统计公报》，教育部网站。
② 资料来源：《我国新增劳动力平均受教育年限超过 13.3 年》，新华社。

会举办者投入、家庭合理负担的投入机制。普通高中实行以财政投入为主，其他渠道筹措经费为辅的机制。中等职业教育实行政府、行业、企业及其他社会力量依法筹集经费的机制。高等教育实行以举办者投入为主、受教育者合理分担培养成本、学校设立基金接受社会捐赠等筹措经费的机制。上述规划目标截至 2017 年也已基本完成：教育费附加政策一直得到切实执行，3% 的附加征收比例准确执行到位；义务教育阶段经费各级政府都基本可以保证；学前幼儿园阶段全部教育经费中，2011 年国家财政已经承担 40.8% 的投入责任；普通高中全部教育经费中，2011 年财政投入部分已经占到 72.2%；同年中等职业教育总经费中，财政投入比重达到 76.8%；2011 年高等教育投入经费的 58.3% 来自国家财政，其中 54.6% 来自国家财政预算内教育经费支出①。

为了确保国家承担的教育责任得到切实落实，国家发布了包括部分教育阶段在内的推进基本公共服务均等化规划。在《"十三五"推进基本公共服务均等化规划》中，关于教育方面的具体项目和指标如表 3.4 所示。

表 3.4 "十三五"推进基本公共服务均等化规划（基本公共教育部分）

序号	服务项目	服务对象	服务指导标准	支出责任	责任牵头单位
1	免费义务教育	义务教育学生	对城乡义务教育学生免除学杂费，免费提供教科书；统一城乡义务教育学校生均公用经费基准定额	中央和地方财政按比例分担	财政部、教育部
2	农村义务教育学生营养改善	贫困地区农村义务教育学生	在集中连片特困地区开展国家试点，中央财政为试点地区学生提供每生每年 800 元的营养膳食补助，鼓励各地因地制宜开展地方试点	国家试点县学生营养膳食补助所需资金由中央财政承担；地方试点县学生营养膳食补助所需资金由地方财政承担，中央财政给予奖励性补助	教育部、财政部
3	寄宿生生活补助	义务教育家庭经济困难寄宿学生	小学生每生每年 1000 元，初中生每生每年 1250 元	中央和地方财政按 5 : 5 比例共同分担	财政部、教育部

① 资料来源：国家统计局网站。

序号	服务项目	服务对象	服务指导标准	支出责任	责任牵头单位
4	普惠性学前教育资助	经县级以上教育行政部门审批设立的普惠性幼儿园在园家庭经济困难儿童、孤儿和残疾儿童	减免保育教育费，补助伙食费，具体资助方式和资助标准由省级人民政府结合本地实际自行制定	地方人民政府负责，中央财政予以奖补。按照"地方先行，中央补助"的原则开展相关工作	财政部、教育部
5	中等职业教育国家助学金	中等职业学校全日制正式学籍一、二年级在校涉农专业学生和非涉农专业家庭经济困难学生；六盘山区等11个集中连片特困地区和西藏、四省藏区、新疆南疆四地州中等职业学校农村（不含县城）学生	国家助学金每生每年2000元，中央财政按区域确定家庭经济困难学生比例，西部地区按在校学生的20%确定，中部地区按在校学生的15%确定，东部地区按在校学生的10%确定	中央和地方财政按比例分担：西部地区（不分生源地）以及中部、东部地区（生源地为西部的），中央与地方分担比例为8:2；对中部地区（生源地不是西部的）以及东部地区生源地为中部的，中央与地方分担比例为6:4；东部地区（生源地不是西部、中部的）分担比例分省份确定	财政部、教育部、人力资源社会保障部
6	中等职业教育免除学杂费	公办中等职业学校全日制正式学籍一、二、三年级在校生中所有农村（含县镇）学生，城市涉农专业学生和家庭经济困难学生（艺术类相关表演专业学生除外），符合条件的民办职业学校学生	按各省（区、市）人民政府及其价格、财政主管部门确定的学费标准免除学杂费。公办中等职业学校，中央财政统一按平均每生每年2000元标准，与地方按比例分担免除学杂费补助资金。符合条件的民办职业学校学生参照当地同类型、同专业公办学校免除学杂费标准予以补助	中央和地方财政按比例分担：西部地区（不分生源地）以及中部、东部地区（生源地为西部的），中央与地方分担比例为8:2；对中部地区（生源地不是西部的）以及东部地区生源地为中部的，中央与地方分担比例为6:4；东部地区（生源地不是西部、中部的）分担比例分省份确定	财政部、教育部、人力资源社会保障部
7	普通高中国家助学金	普通高中在校生中的家庭经济困难学生	国家助学金平均资助标准为每生每年2000元，具体标准由各地结合实际分档确定	中央和地方财政按比例分担：西部地区中央与地方分担比例为8:2；中部地区分担比例为6:4；东部地区除直辖市外，按照财力状况分省确定	财政部、教育部

序号	服务项目	服务对象	服务指导标准	支出责任	责任牵头单位
8	免除普通高中建档立卡等家庭经济困难学生学杂费	公办普通高中建档立卡等家庭经济困难在校学生（含非建档立卡的家庭经济困难残疾学生、农村低保家庭学生、农村特困救助供养学生），符合条件的民办普通高中学生	按各省（区、市）人民政府及其价格、财政主管部门确定的学费标准免除学杂费（不含住宿费）。中央财政逐省（区、市）核定免学杂费财政补助标准。符合条件的民办学校学生参照当地同类型公办学校免除学杂费标准予以补助	中央和地方财政按比例分担：西部地区中央与地方分担比例为8：2；中部地区分担比例为6：4；东部地区除直辖市外，按照财力状况分省份确定	财政部、教育部

资料来源：《"十三五"推进基本公共服务均等化规划》，中华人民共和国中央人民政府网站。

二、教育公共性建设存在的问题

中华人民共和国成立以来特别是改革开放四十年以来，我国在教育公共性建设方面取得了很大进展。基础教育的享受面基本达到全覆盖，基本层面上的义务教育已经和家庭经济状况发生很轻微的经济联系，"免学费、免杂费、免费提供教科书"，对农村义务教育阶段贫困家庭学生①实行"两免一补"（免书本费、免杂费、补助寄宿生生活费）政策，农村义务教育学生营养改善计划，义务教育家庭经济困难寄宿学生生活改善计划等，这些项目的实施使义务教育门槛大幅度降低。对各个阶段的教育都倾注了更大的财政支持力度，财政性资金投入达到经济总量的4%。高中阶段也基本达到义务教育的覆盖面，财政注资力度达到空前的70%~80%。即使是高等教育，国家也通过多种方式建立起了国家奖学金、国家励志奖学金、国家助学金、国家助学贷款、新生入学资助、勤工助学、补偿代偿、"绿色通道"等多种方式并举的混合资助政策体

---

① 根据规定，所谓农村义务教育阶段家庭贫困学生具体包括：持有农村特困户救助证的家庭子女，农村人均年收入低于882元的家庭子女，父母重大疾病丧失劳动能力的贫困学生，父母离异或丧父、丧母等原因造成家庭经济困难学生，因突发事件导致家庭困难的学生，接受特殊教育的学生，因建设征地导致农村家庭人均耕地面积大量减少且造成家庭经济困难的学生，当地政府规定的其他需要资助的学生。

系，确保家庭经济困难学生"三不愁"，即入学前不用愁、入学时不用愁、入学后不用愁。尤其是通过较低的学费收取标准的制定，将高等教育建设所需经费的将近60%加在国家财政身上，提升了高等教育筹资的公共化程度，直接将高等教育助推到大众化阶段。如此的公共性建设力度，使我国当前新入职劳动者的平均受教育年限达到13.3年，这也大大提升了"起点公平"程度，为"结果公平"的最终目标奠定了基础。

但是，毋庸讳言的是，现在我国的各阶段教育在体现上述公平倾向性的同时，也并存着一些与公平相逆的现象。公平悖论现象的梳理，将为我国教育公平性建设提供更加清晰的改革思路。

1. 教育市场化的倾向越来越侵蚀教育公平的基础

经过多年的持续建设，高等教育之前的最基本教育产品的提供确实体现出公平性的提升，但是相对优质教育资源提供的市场化倾向愈益严重，各个阶段教育对象的受教育程度其实存在很大的不平衡，学生整体经济负担相当沉重，结构性经济负担更是严重不平衡。无论是义务教育的小学、初中，还是非义务教育的学前教育、高中阶段；无论是一所学校总体教育资源配置，还是一个具体教师的教学精力和才华配置；无论是正常教学主科课程的学习，还是非主科课程甚至是综合素质的提升；无论是正常国民教育序列的办学机构，还是隶属多种所有制关系的校外教育机构乃至"个体户"；无论是家庭经济状况相对殷实的学生，还是家庭经济状况一般甚至是拮据的学生；无论是教学大纲以内的教学内容，还是超纲的甚至是应付某种社会考试的内容，等等，都在以愈演愈烈的力量抬升我国教育市场化倾向，而且其外在表现形式往往是学生及其家长主动的、趋之若鹜的、竞争近乎残酷的强烈要求，即使教育主管部门三令五申严厉制止，都不为所动。其结果：国家提升教育公平性的努力付之东流，减轻学生负担的目的无从实现，正常教学秩序受到冲击，学校教学资源配置出现扭曲，教师的教学精力和才华本末倒置，家庭经济负担日渐沉重，学生和家长不堪重负和疲于应付，"绑架式消费""裹挟式消费""非理性消费""羊群效应"成为该项支出的本质特征。

2. 教育资源配置的苦乐不均并未得到根本改善

平心而论，教育主管部门这些年为改善教育资源配置不均衡问题采取了种种措施，诸如特岗教师、划片入学、多校划片、义务教育学校标准化建设、交流轮岗、九年一贯制、远程教学、学校布局调整、加大培训力度、对口支援、专项资金等，也取得了一定成效，但也不断出现"摁起葫芦起了瓢"的顾此失彼问题。因为教育基础、收入水平、生活质量、公共服务、指导思想、多级目标等因素的先天不足或相互干扰，均衡教育资源的政策很难完全推动下去，甚至还出现马太效应①。拥有优质教学资源，办学水平较高的学校（学科、专业），可以很方便地从教育市场上获得更多收入和其他资源，这又为下一轮更快发展奠定基础；反之，拥有较弱资源的学校（学科、专业），很难从教育市场上获得较多资源，自身发展能力必然受限，在下一轮竞争中又将步履维艰。现在一部分教育政策也在强化这种马太效应。所谓发挥优势，办出特色；"211工程"、"985工程"；"2011计划"、双一流建设；优势专业、特色专业；重中之重建设学科等，都在强化教育资源配置的马太效应。我们不能说上述工程没有必要，反之，为了快速提升中国高等教育在国际教育市场上的竞争实力，只能凭借中国的制度优势，将大量教育资源做倾斜式投入。但是，如此配置的负面效应也很明显，就是教育资源配置失衡的程度将越来越大，教育公平性目标越来越远。这些现象不只体现在高等教育阶段，在其他所有教育阶段中也有明显地存在。

3. 现有收入分配状态和需求结构为教育市场不公平提供了需求基础

首先，伴随中国经济快速发展，民众收入水平相应上升，即使分配结构和需求结构没有大的变化，也会对教育市场形成一定抬升效用。1978～2017年，我国经济发展水平提升了接近225倍，年均增速14.9%（现价）；国民总收入增加224倍，年均增速也接近于14.9%。城镇居民人均可支配收入年均增速12.7%，农村居民人均纯收入年均增速12.5%。其次，总体上看，居民收入分配不公平程度加大，为教育市场不公平提供了经济基础。1978～2017年，居民收入分配基尼系数由0.18的绝对公平状态提升到0.467的收入差距较大状态。城乡收入差距尽管在相对数上没有大的变化，但一来以前最大差距曾经

---

① 马太效应（matthew effect），指强者愈强、弱者愈弱的现象，广泛应用于社会心理学、教育、金融以及科学领域。该名字来自圣经《新约·马太福音》一则寓言："凡有的，还要加倍给他叫他多余；没有的，连他所有的也要夺过来。"

达到 3.33∶1（2009 年），后几年只是小幅回调，对民众特别是农村居民心理影响极大；二来城乡之间实际生活质量上存在更大差距，其中因素之一就是城乡公共服务水平相差悬殊，包括教育，这对教育过渡市场化，并形成阶层固化乃至收入差距呈现纵向扩大的走势起到决定性作用；三来城乡收入之间绝对差距增速惊人，已经由 1978 年的 210 元激增到 2017 年 22964 元。最后，我国居民历来有高度重视子女教育的民族习性，对教育投资积极性以及在教育上相互攀比的思维惯性根深蒂固，这就为偏向教育消费结构的形成，对子女教育投资的义无反顾乃至非理性支付，提供了十分踊跃的有支付能力的需求。但不同家庭经济条件强弱有别甚至是高低悬殊，对教育投入能力大相径庭，由此导致与教育市场化伴随的学生之间对教育产品拥有状况的极大不均衡。关于 1978 年以来我国居民收入分配状况的大致情况如表 3.5 所示。另外，从 2013 年起，国家统计局开展了城乡一体化住户收支与生活状况调查，2013 年及以后数据来源于此项调查，因此，我们在此只统计了近五年的教育文化娱乐支出及其占家庭消费支出的比重，从中可以略微看出教育等相关支出占比有所升高的趋势（见表 3.6），但是，如果将居民用于不太规范的校外补课、培训等项花销囊括进来，教育支出比重肯定将远高于表中的官方数据。据中国教育学会数据显示，2016 年我国中小学课外辅导行业市场规模超过 8000 亿元，参加学生规模超过 1037 亿人次[1]，如果将该数额平均到全国人民头上，每人将再背负近 600元的教育支出负担，2016 年该项比重将增加 3.5 个百分点；如果平摊在学生头上，每生将增加 7700 元教育负担。沉重的教育负担将大大减弱教育的公共性程度和公平效果。

表 3.5　　　　　　　1978～2017 年经济增长、居民收入分配状况

年份	国内生产总值（万亿元）	国民总收入（万亿元）	居民收入基尼系数	城乡收入比
1978	3678.7	3678.7	0.180	2.57
1980	4587.6	4587.6	0.288	2.50
1985	9098.9	9123.6	0.266	1.86
1990	18872.9	18923.3	0.343	2.20

---

① 资料来源：http://www.sohu.com/a/219107682_649188。

续表

年份	国内生产总值（万亿元）	国民总收入（万亿元）	居民收入基尼系数	城乡收入比
1995	61339.9	60356.6	0.445	2.71
2000	100280.1	99066.1	0.417	2.79
2005	187318.9	185998.9	0.485	3.22
2010	413030.3	411265.2	0.481	3.23
2015	689052.1	686449.6	0.462	2.73
2017	827122.0	825016.0	0.467	2.71

资料来源：国内生产总值、国民总收入、城乡收入比，以及2003年以后的基尼系数数据均来自国家统计局网站，此前的基尼系数数据来自百度文库（专业资料．人文社科类），https：//wenku.baidu.com/view/1e63462ddd3383c4bb4cd280.html。

表3.6　　　　2013～2017年我国居民消费支出及教育等支出占比

年份	全国居民人均			城镇居民人均			农村居民人均		
	消费支出（元）	教育、文化和娱乐消费支出（元）	占比（%）	消费支出（元）	教育、文化和娱乐消费支出（元）	占比（%）	消费支出（元）	教育、文化和娱乐消费支出（元）	占比（%）
2013	13320	1398	10.5	18488	1988	10.8	7485	755	10.1
2014	14491	1536	10.6	19968	2142	10.7	8383	860	10.3
2015	15712	1723	11.0	21392	2383	11.1	9223	969	10.5
2016	17111	1915	11.2	23079	2638	11.4	10130	1070	10.6
2017	18322	2086	11.4	24445	2847	11.7	10955	1171	10.7

资料来源：国家统计局网站，其中2016年以前的数据取自《中国统计年鉴2017》，2017年数据取自《2017年居民收入和消费支出情况》。

　　我国教育过高的市场化程度会使教育资源的配置结果越加强化收入分配和社会阶层之间的不公平，形成阶层地位—收入地位—教育地位之间的恶性循环。社会阶层较高、收入较高的家庭及其子女，会通过教育市场化会占据更好的教育资源，占据更好的学科专业，也就占据更好的就业机会和发展前景，从而将阶层地位和收入差距在纵向链条上持续地传递下去，阶层之间交互通道被大大限制，阶层固化得到进一步强化。上海财经大学丛树海教授领衔的课题组在对不同收入阶层、不同职业阶层家庭学生获取的高等教育资源状况进行大量分析后，得出如下结论①：

第一，高等教育入学机会的阶层差距，既表现出不同阶层子女进入高等学校的比率上，又表现在他们在高等教育系统的分布上。不同家庭背景的学校在不同阶层高校中的分布有明显差异。管理干部、专业技术人员等高收入阶层的子女在国家重点高校占有较大的份额，而农民、城乡无业失业人员等低收入阶层子女在高等学校和高层次高校的比例更低。

第二，高校学生在不同学科专业的分布具有明显的阶层属性。优势阶层子女更多地集中在热门专业，工人、农民等低收入阶层的子女选择冷门专业的更多。

第三，经由全国统一高考进入大学的学生，其录取分数也存在明显的阶层特点，即低收入家庭子女的平均录取分数普遍高出高阶层的子女，农民子女的录取分数最高，显示形式上"分数面前人人平等"的全国统一高考离实质平等的巨大差距。

以教育基尼系数衡量，从 1997 ~ 2009 年，我国教育基尼系数都在 0.2 以上，与发达国家相比，我国阶层教育不公平程度依然很高。

针对当前教育领域依然存在严重的教育不均衡尤其是过分市场化现象，教育主管部门及教育参与者应该正视该问题的严重性，采取各种措施抑制、缩小、消除这些不公平因素。首先，在法律上将高中阶段正式纳入义务教育阶段，实施十二年免费义务教育，将现有义务教育阶段的负担政策延长至高中阶段，营造更加公平的教育链条；其次，通过多种措施，严格控制在职教师本职工作外从事补课、培训等市场性教学活动，加大对校内教学工作的规范性管理，特别是根据教学大纲管控教学和考试环节，织就多环节、多侧面、多主体齐抓共管的监管体系，以党风建设的力度抓好教学管理工作；再其次，对校外教育领域进行严格规范性管理，将供、产、销、人、财、物各个环节纳入统一、透明、规范的管理体系中，杜绝灰色甚至是黑色办学活动，便于受教育者及其家庭在透明、理性的环境中接受市场化教育过程；最后，国家要在制度设计上为教育公平提供更加有效的实施环境。制定更有吸引力和约束力的规定，鼓励优秀师范毕业生和优秀师资到比较艰苦的地区工作，建立更加规范的优质

① 丛树海等. 收入分配与财政支出结构 [M]. 北京：人民出版社，2014：321 - 322.

教育资源交流制度和师资培训制度，久久为功，推进教育公平的持续稳定地实现。试行高等教育一年多次招生制度，为高中毕业生提供多次求学机会，避免千军万马争过一次独木桥，不得不诉诸不规范的教育市场助推自己的高考梦想。高等教育也要实行真正的学分制和真正的终身学习制度，分散学习压力和求学压力，使畸形教育市场失去存在条件，等等。

三、国家应该对教育发展承担越来越大的责任

财政理论中有一个人人皆知的分配规律，就是瓦格纳定律（Wagner's law），意指随着社会经济的发展，财政支出占国民收入（GNP）或国内生产总值（GDP）的比重会不断提升。其背后的实物状态是在社会商品总量中，公共性物品应该比私人品有更快的增长速度。教育是公共性物品的重要组成部分，政府教育支出应该比财政支出、GDP、家庭支出等有更快的增长速度。关于该观点的理论阐释已如上述。我们在这里只列举实证性数据。

我们可以从三个视角，利用下面若干组数据证明，社会经济的发展必将带来公共教育支出占 GDP 比重处于不断上升的态势，亦即，公共教育支出的瓦格纳效应的确是存在的。

首先，借用蒋义的研究成果①，说明公共教育支出的瓦格纳效应不仅可以得到纵向历史数据的证明，也可以得到横向断面数据的证明。从纵向看，世界各国总体上公共教育支出在 GDP 中占比是逐渐趋升的；从横向看，发展水平不同的国家公共教育支出在 GDP 中占比是高低不同的，且该比重与国家发展水平成正比。

蒋义查阅了大量的《教育统计年鉴》《中国统计年鉴》《中国财政年鉴》《中国教育经费统计年鉴》，以及教育部、财政部、国家统计局各种数据资料，特别是从世界银行数据库中提取了 1975 年以来样本国家超过 100 个的 13 个年份进行分析，又从中筛选出提供公共教育支出和人均 GDP 两组数据均超过 10 年的国家共 72 个，对这些国家数据资料进行提取整理，得出了世界各

---

① 蒋义 . 4%：公共教育支出占 GDP 比重必须达到的分配规律——基于世界各国教育投入历史数据的比较分析［A］，2010 年中国教育经济学学术年会论文集［C］. 2010.

国 1975～2005 长达 30 年的各国公共教育支出占 GDP 比重的年度平均值，大体可以证实"教育支出瓦格纳定律"现象的存在（见图 3.2 和表 3.7）。

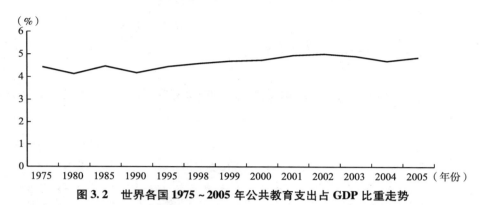

图 3.2　世界各国 1975～2005 年公共教育支出占 GDP 比重走势

资料来源：蒋义 . 4%：公共教育支出占 GDP 比重必须达到的分配规律——基于世界各国教育投入历史数据的比较分析［A］. 2010.

表 3.7　　　　　　　　世界各国历年公共教育支出占 GDP 比重平均值

年份	1975	1980	1985	1990	1995	1998	1999	2000	2001	2002	2003	2004	2005
平均值	4.437685	4.132382	4.468685	4.172428	4.447847	4.58454	4.689451	4.733642	4.9407	5.00164	4.902816	4.686319	4.842143

资料来源：蒋义 . 4%：公共教育支出占 GDP 比重必须达到的分配规律——基于世界各国教育投入历史数据的比较分析［A］. 2010.

图 3.2 和表 3.7 图中尽管描述的随着时间的推移，公共教育支出占 GDP 比重逐步上涨的趋势不太明显，但总体上升的势头还是存在的。

作为对"教育支出瓦格纳定律"现象的进一步描述，表 3.8 和表 3.9 可以给我们一个更为肯定的解释：公共教育支出占 GDP 比重确实与该国经济发展水平呈同方向变动，人均 GDP 水平越高，公共教育支出占比也就越高，说明教育产品的公共性也就越强烈；反之，经济发展水平低，人均 GDP 水平低，公共教育支出占比也就相应较低，说明这些国家的教育产品的公共性相对较弱。

表 3. 8 　　　　　　按人均 GDP 水平平均分组考察公共教育支出占
GDP 比重与人均 GDP 之间的关系

国家分组	公共教育支出占 GDP 比重（%）	人均 GDP 水平（万美元）
第一组（人均 GDP 较低的 24 个国家）	4.0968	0.0678
第二组（人均 GDP 中等的 24 个国家）	4.668	0.4870
第三组（人均 GDP 较高的 24 个国家）	5.3678	2.2669

资料来源：蒋义 .4%：公共教育支出占 GDP 比重必须达到的分配规律——基于世界各国教育投入历史数据的比较分析［A］.2010. 表中数据为这些国家 2000～2005 年的平均值。

表 3. 9 　　　　　　公共教育支出占 GDP 比重与人均 GDP 的关系

国家分组	该组所有国家公共教育支出占 GDP 比重均值（%）	该组所有国家人均 GDP 水平（万美元）
公共教育支出占 GDP 比重均值达到和超过 4% 的国家	5.5008	1.2156
所有 72 个国家	4.7109	0.9406
公共教育支出占 GDP 比重均值达不到 4% 的国家	3.1312	0.3905

资料来源：蒋义 .4%：公共教育支出占 GDP 比重必须达到的分配规律——基于世界各国教育投入历史数据的比较分析［A］.2010. 表中数据为这些国家 2000～2005 年的平均值。

其次，我们能够利用更长时期的原始数据证明发达国家和发展中国家之间公共教育支出占 GDP 比例是高低有别的。表 3.10、表 3.11 对若干个代表性发达国家和发展中国家公共教育支出与 GDP 比例变动轨迹进行对比分析，更加凸显教育发展瓦格纳效应是明显存在的，发达国家总体上较发展中国家教育支出占比是明显偏高的（尽管也有个别发达国家维持相对较低的公共教育投入水平，而一些发展中国家则坚持较高的投入水平）。当然，部分国家公共教育支出在 GDP 中占比存在一些波动性，特别是发展中国家，在总体水平较低情况下，波动幅度似乎更大，比如乌干达在十年间公共教育支出占比会从 1.28 个百分点增加到 5.1 个百分点，伊朗则在五年间由 3.07 个百分点增加到 7.47 个百分点，这都是不太正常甚至是非理性的变动情况。从总体上看，发展中国家教育支出占比还是维持在较低水平上，这明显也是"瓦格纳效应"使然。

表 3.10　　部分发达国家 1960～2015 年公共教育支出与 GDP 比例变动　　单位：%

年份	美国	德国	英国	法国	丹麦	瑞典	日本	以色列
1960	2.98							
1965	3.40						5.50	
1970	4.60				6.13	7.25	4.62	5.67
1975	5.32				6.86	6.84	5.28	7.05
1980	4.60				6.03	7.03	4.24	8.64
1985	4.32				6.64	7.39	3.53	8.98
1990	4.62	5.53	2.40		5.70	5.56	1.74	6.10
1995	4.76	3.15	2.56	4.51	7.60	6.48	1.22	7.44
2000	4.78	4.27	2.98	6.23	8.29	7.16	1.41	6.49
2005	4.86	3.19	3.09	4.50	8.30	6.89	1.20	6.11
2010	5.43	3.20	4.18	4.51	8.56	6.62	1.06	5.54
2015	4.98	3.12	3.56	4.65	7.63	7.68	1.25	5.74

　　注：德国 1990 年、2015 年的数据分别用的是 1991 年、2012 年的数值代替的；英国、法国 2015 年数据采用的是 2012 年的数值；丹麦 1990 年、2015 年数据使用 1991 年、2014 年数值代替；瑞典 1970 年、2015 年数据用 1971 年、2014 年数值代替；以色列 1970 年、1995 年数值用 1971 年、1994 年数据代替。另外，日本的比例与经合组织（OECE）公布的数据有较大差距，但在此依然用我们的数据进行测算。

　　资料来源：上述数值计算过程中，各国各年份公共教育支出数据、以色列的最终数据均来自 Wind 金融终端数据库，但各国各年份 GDP 数据则来自国家统计局网站——国际数据。

表 3.11　　部分发展中国家 1971～2015 年公共教育支出与 GDP 比例变动　　单位：%

年份	坦桑尼亚	乌干达	伊朗	哈萨克斯坦	缅甸	孟加拉国	乌拉圭
1970		3.16	2.97		3.06		4.15
1975		3.22	3.09		1.99	1.11	
1980		1.28	7.47		1.54	0.94	2.16
1985		3.43	3.67		1.82	1.23	2.57
1990	2.14	5.10	3.99			1.58	2.48
1995	2.53		4.37	4.03	1.20	1.69	2.52

续表

年份	坦桑尼亚	乌干达	伊朗	哈萨克斯坦	缅甸	孟加拉国	乌拉圭
2000	1.95	2.45	4.38	3.28	0.57	2.38	2.42
2005	4.61	4.95	4.72	2.26	0.67	2.25	2.71
2010	4.62	2.39	3.71	3.06	0.79	1.94	4.36
2015	3.48	2.25	2.80	2.79	2.17	2.50	

注：坦桑尼亚1995年、2000年数据分别用1996年、1999年数值代替；乌干达1970年、1990年、2015年数据分别使用1971年、1988年、2014年数值替代；伊朗1970年数据用1971年替代；津巴布韦1970年、1995年、2015年数据分别使用1971年、1994年、2014年数值替代；哈萨克斯坦2010年数据用2009年替代；缅甸1970年、1980年、2005年、2010年、2015年的数据分别使用1971年、1981年、2003年、2011年、2017年的数值代替；孟加拉国1995年、2005年、2010年、2015年数据用1993年、2004年、2009年、2016年数值替代；乌拉圭1990年、2010年数据用1991年、2011年数值替代。

资料来源：Wind金融终端数据库。

最后，我国的历史数据也能够给公共教育支出的"瓦格纳效应"提供充分证据。对我国1991～2016年长达27年的数据加以整理后，看得出我国公共教育支出占GDP的比例也呈现同样的发展趋势，说明我国政府对教育公共性的认识也是越加强烈的（见表3.12和图3.3）。

表3.12　　　　1991～2016年全国财政性教育经费投入情况表

年份	财政性教育经费投入额（亿元）	预算内教育经费投入额（亿元）	GDP规模（亿元）	财政性教育投入占GDP比例（%）
1991	617.83	459.73	22005.6	2.81
1993	867.76	644.39	35673.2	2.43
1995	1411.52	1028.39	61339.9	2.30
1997	1862.54	1357.73	79715.0	2.34
1999	2287.18	1815.76	89677.0	2.55
2001	3057.01	2582.38	110863.1	2.76
2003	3850.62	3453.86	137422.0	2.80
2005	5161.08	4665.69	187318.9	2.76
2007	8280.21	7654.91	270232.3	3.06
2009	12231.09	11419.30	349081.4	3.50

续表

年份	财政性教育经费投入额（亿元）	预算内教育经费投入额（亿元）	GDP 规模（亿元）	财政性教育投入占GDP 比例（%）
2011	18586.70	16804.56	489300.6	3.80
2013	24488.22	21405.67	595244.4	4.11
2015	29221.45	25861.87	689052.1	4.24
2017	34204.00	30153.18	827122.0	4.14

资料来源：国家统计局网站，《中国统计年鉴2017》，中华人民共和国2017年国民经济和社会发展统计公报，教育部网站，2017年全国教育经费统计快报，Wind 金融终端数据库。

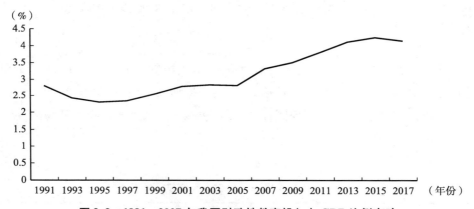

图 3.3　1991~2007 年我国财政性教育投入占 GDP 比例变动

资料来源：国家统计局网站，《中国统计年鉴2017》，中华人民共和国2017年国民经济和社会发展统计公报，教育部网站，2017年全国教育经费统计快报，Wind 金融终端数据库。

如上分析证明，财政性教育经费投入的相对比重是与经济发展水平呈同向变动的，公共教育支出的瓦格纳定律具有普适性，所谓例外只是局部和暂时的。教育产品的公共性越来越强烈，公共教育投入也必须不断上涨。尽管我国财政教育投入的上升具有行政强制性，也与以权力周期为核心的政治周期更迭有直接关系（我国财政性教育投入达到占 GDP 的 4% 的目标初始于 2012 年，该年份正值我国党政领导集体换届），但是，导致该比例实现质变的根本因素是教育发展的普遍规律，以及反映这种规律的民心所向，党和政府只不过是顺应了这种规律和民心，将过去多年就应该实现的政策目标变为了现实。

　　无论是公共教育支出瓦格纳规律的体现，还是教育发展纲要中关于财政性教育投入约束指标的实现，都需要广大地方政府，包括天津地方政府对各阶段教育的实实在在的真金白银的注入，毕竟地方政府才是公共教育支出的主要承担者（2017 年全国教育支出决算数据是 30153.18 亿元，其中中央直接承担的教育支出只有 1548.39 亿元，只占全部教育支出的 5.14%[①]）。因此，我们有必要仔细论证地方教育支出的确定依据，将国家总体教育财政政策切实落在实处。下文我们对天津与相关对比对象的教育投入数据进行比较分析，为天津"十三五"时期教育发展经费保障数据进行测算并提出建议数值，从中总结出科学确定天津乃至其他地区公共教育支出的内在规律。

---

　　① 资料来源：2017 年国家财政决算，财政部网站。

第四章

天津市与参照对象教育投入对比分析

一、参照对象的选择与数据说明

（一）参照对象的选择

在国际、国内各种社会经济发展要素高度一体化的今天，人们不可能仅凭对自身发展状况的纵向分析来预测未来发展状况，而必须在清楚自身定位的基础上，同其他相关对象进行科学地横向比较，才可能对自身未来发展趋势做比较准确的把握。理论分析过程如此，决策层对治理对象的认识更是如此。为准确分析天津"十三五"时期教育投入总量和结构变动情况，考虑到天津作为全国教育事业的一部分、直辖市的行政定位，以及目前正在实施的京津冀一体化国家战略等因素，我们筛选了全国（不包括港澳台，全书同）、北京、上海、重庆、河北等五个样本作为分析天津教育投入状态的参照对象。

进入 21 世纪以来，在党中央和国务院的高度重视下，中央有关部门和地方各级党委、政府采取有效措施，完善教育经费筹措机制，努力增加教育投入，我国的教育经费保持了较快的增长，教育总投入和财政性教育经费支出分别占 GDP 的比重都逐年增长。在义务教育阶段，全面落实城乡免费义务教育政策，实施"中西部农村初中校舍改造工程""中西部特殊教育学校建设项目"等，积极清理、化解农村义务教育债务；在职业教育方面，严格执行《国务院关于建立健全普通本科高校高等职业学校和中等职业学校家庭经济困难学生资助政策体系的意见》，非义务教育阶段的高等职业院校和中等职业学校的学生学杂费负担减轻；在高等教育方面，继续实施"985 工程""211 工程""协同创新 2011 计划""高等学校本科教学质量和教学改革工程""双一流建设工程"等，启动减轻中央高校债务负担试点工作。同时，建立健全了家庭经济困难学生资助政策体系，基本保证了学生不因家庭经济困难而失学。

1993 年，中共中央、国务院颁布的《中国教育改革和发展纲要》提出财政性教育经费占国民生产总值的比例，在 20 世纪末达到 4%。但就如同 1986 年 4 月 12 日全国人大通过的《中华人民共和国义务教育法》的命运一样，4% 的教育投入指标也进入了长达 20 年被束之高阁的"宿命"，财政性教育支出占 GDP 的比重从 1993 年的 2.43% 增加到 2003 年的 2.84%，依然远离 4% 的目标值。21 世纪前十年，尽管全国教育经费投入有了很大的增长，由 2001 年的 3057 亿元增长到 2011 年的 18587 亿元，增长了 5 倍多（按现值计算），但是经费投入不足与教育事业改革发展需求之间的矛盾仍然比较突出。2011 年，国家财政性教育经费占国内生产总值的比例为 3.8%，与 4% 的目标相差 0.2 个百分点，而且更远低于 OECD 国家 5.2% 的平均水平，甚至比前文列出的世界上 72 个国家 13 个年份中公共教育支出占 GDP 平均比重 4.82% 还要低许多[①]。好在经过各级政府的超强努力，更兼有《国家中长期教育发展纲要 2010~2020》和外部世界的现实压力，2012 年我国财政性教育投入占 GDP 的比重方才登上 4% 的历史性台阶。

本章根据 2001~2015 年全国教育经费统计数据，重点对全国、北京、上海、重庆、天津、河北的各级各类教育投入与支持情况进行了全面、系统地综合比较和分析，客观反映了各级政府教育投入及保障方面的努力程度和进步程度，同时也通过这几个省份来发现天津教育经费投入中的问题与不足。在京津冀一体化的大背景下，我国政府公共服务的第一份综合研究报告《中国公共服务发展报告 2006》通过对比分析，得出在基础教育方面，北京得分第一，被评为优秀，成为此项评价指标中唯一达到优秀等级的城市，天津位居第三；在基础教育改善幅度方面，北京改善幅度最大，其次为河北，最后为天津。可

---

① 蒋义 . 4%：公共教育支出占 GDP 比重必须达到的分配规律——基于世界各国教育投入历史数据的比较分析［A］. 2010.

见，京津冀区域基础教育发展水平在全国范围内具有一定的实力和优势。当前，京津冀一体化已经上升为国家战略，三地之间教育发展不平衡的局面尚未有根本改善，如何在一体化进程中打破"一亩三分地"的狭隘观念，协同发展共创未来，仍然面临艰难挑战。天津要紧跟北京的步伐，合理确定天津教育发展定位，助推在区域内建立更大范围、更高层次的产学研战略联盟。

（二）数据说明

高质量的数据是进行任何社会科学（包括经济学科、教育科学和财政科学等）研究和预测的基础。本书所用数据均来自历年《中国教育经费统计年鉴》、历年各地区统计年鉴，大量资料直接取自国家统计局网站、教育部网站和地方统计部门网站，以及 Wind 金融终端数据库。由于 2013 年的《教育经费统计年鉴》未出版，造成部分 2012 年的数据缺失，导致下面许多图表数据链条有些中断，尽管我们也采取各种方式尽力去弥补，但毕竟很难获得完整的教育投入信息，稍微有点遗憾，好在对整个问题分析带来的影响并不太大。

二、经济增长与财政投入

财政界有一个人尽皆知的定律：经济决定财政，财政影响经济，并用"根深叶茂"和"源远流长"两个成语来形容经济对财政的决定作用。"未有经济无基础而可以解决财政困难的，未有经济不发展而可以使财政充裕的。这就是说，经济发展是源，财政收入是流；经济发展是根，财政收入是叶。源远才能流长，根深才能叶茂。"[①] 公共教育支出是财政支出的一部分，在根本上也肯定服从经济与财政的关系原理。改革开放以来，我国经济总规模由 1978 年的 3678.7 亿元增长到 2017 年的 827122 亿元，增长 220 多倍，国民总收入增长倍数与此类似，这才有了财政一般预算收入总规模由 1132.16 亿元增加到 172567 亿元，增长 150 多倍的结果，也才有了财政教育支出由 75 亿元增加到 3 万多亿元，增长倍数达到 400 倍的骄人成绩。从另一个角度说，没有经济的增长，也就没有前面章节中所谓公共教育支出"瓦格纳效应"的存在前提。不管是

---

① 社会主义财政学编写组 . 社会主义财政学 ［M］. 北京：中国财政经济出版社，1982：89.

全国性经济增长与财政增长对教育投入的关系，还是地区性经济增长与地区财政对教育投入的关系，都将实践经济对财政的决定作用的原理。

（一）分地区人均 GDP 变化及增长率情况

根据全国、北京、天津、河北、上海、重庆 2001～2015 年人均 GDP 变化情况（见表 4.1），可以计算出在 2001～2008 年间，全国人均国内生产总值年均实际增长 15.32%，河北人均 GDP 增速为 15.71%，北京的增速为 12.82%，重庆的增速为 16.6%，上海的增速为 10.93%，而天津的年均增速也达到了 16.91%。对比而言，天津的人均 GDP 增速在 2001～2008 年为最高，其次是重庆和河北，而北京和上海的增速低于全国水平，排名相对靠后。2008～2015 年间，各考察对象人均 GDP 增速均有所回落，其中天津下降了 7 个百分点，低于重庆和全国平均水平，高于河北、北京和上海。

表 4.1　　　　　**2001～2015 年全国及五省市人均 GDP 变化及增长情况**　　　　单位：元

年份	全国	北京	上海	重庆	河北	天津
2001	8717	26980	31799	6963	8251	19141
2002	9506	30730	33958	7912	8960	21387
2003	10666	34777	38486	9098	10251	25544
2004	12487	40916	44839	10845	12487	30575
2005	14368	45993	49648	12404	14782	37796
2006	16738	51722	54858	13939	16894	42141
2007	20505	60096	62040	16629	19662	47970
2008	24121	62761	65716	20407	22910	57134
2009	26222	65339	68083	22840	24503	61253
2010	30876	73856	76074	27596	28668	72294
2011	36403	81658	82560	34500	33969	85213
2012	40007	87475	85373	38914	36585	931733
2013	43852	94649	90993	43223	38909	100105
2014	47023	99995	97370	47850	39984	105231
2015	50251	106497	103795	52321	40255	107960

资料来源：国家统计局网站，《天津市统计年鉴 2016》《北京市统计年鉴 2016》《上海市统计年鉴 2016》《重庆市统计年鉴 2016》《河北省统计年鉴 2016》。

由表 4.1 数据可以算出，在六个对比对象之间，2001～2015 年间天津人均 GDP 年均增速略低于全国水平，在五省市中仅次于重庆的 15.49%。从绝对额看，2015 年天津人均 GDP 水平超过了北京和上海，在六个对比对象中排名第一位。具体情况如图 4.1 所示。

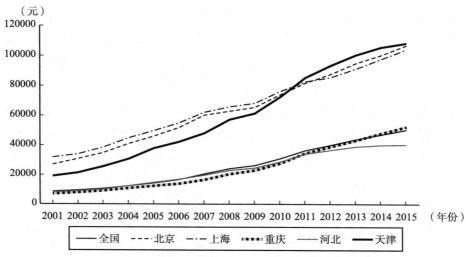

图 4.1　2001～2015 年全国及五省市人均 GDP 变化及增长

资料来源：国家统计局网站，《天津市统计年鉴 2016》《北京市统计年鉴 2016》《上海市统计年鉴 2016》《重庆市统计年鉴 2016》《河北省统计年鉴 2016》。

从图 4.1 和图 4.2 中可以看出，虽然在经济增速上天津低于重庆和全国平均水平，但天津人均 GDP 的绝对值一直在稳步增长，2011 年超过了上海和北京的水平，说明天津的经济发展处在迅猛发展的阶段，因此必然为教育事业的发展提供最终财源支持，也为未来天津综合实力的提升创造有利的条件①。

经济快速发展必然引起财源快速累积，对比天津财政性教育投入现状，可以看出：天津仍然有很大的教育投入空间，在保持 GDP 增长的同时应加大教育投入力度，为天津未来教育发展提供强有力的经济保障。

---

①　因为各种原因，天津经济增速在近年出现了断崖式下降，由 2016 年的 9.1% 下降到 2017 年的 3.6%，在全国排名垫底。2018 年经济增长数据将继续维持超地位。这对天津教育投入肯定会造成釜底抽薪式打击。

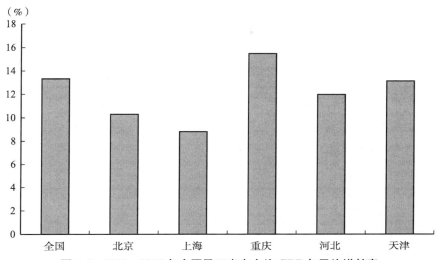

图 4.2 2001～2015 年全国及五省市人均 GDP 年平均增长率

资料来源：国家统计局网站，《天津市统计年鉴 2016》《北京市统计年鉴 2016》《上海市统计年鉴 2016》《重庆市统计年鉴 2016》《河北省统计年鉴 2016》。

（二）分地区教育总投入占 GDP 比重情况

从全国、北京、天津、河北、上海、重庆 2001～2015 年分地区教育总投入占 GDP 比例情况（见表 4.2）来看，2011 年之前北京的教育总投入比例远远高于全国、天津、河北、上海和重庆，而且高出的幅度在一倍左右，其中，天津与北京的差距最高达到 6.68 个百分点，河北总体水平最低，在 2011 年甚至达不到北京水平的一半。在大多数时间，天津和北京的差距平均在 4 个百分点左右。2011 年之后，教育总投入占 GDP 的比重出现了较大的变化，全国的比例稳步增加，同时稳步增长的还有上海和河北。北京、天津、重庆则出现了下降，其中北京教育总投入占 GDP 比重下降最大，超过 3 个百分点。

表 4.2　2001～2015 年全国及五省市教育总投入占 GDP 比例情况　　单位：%

年份	全国	北京	上海	重庆	河北	天津
2001	4.18	8.60	4.45	4.40	3.23	4.48
2002	4.55	8.10	4.54	4.62	3.27	4.20

续表

年份	全国	北京	上海	重庆	河北	天津
2003	4.26	7.70	4.34	4.51	3.12	4.02
2004	4.21	7.36	4.38	4.46	3.03	3.72
2005	4.69	10.83	5.33	5.23	3.17	4.15
2006	4.11	7.54	4.00	4.52	2.98	3.55
2007	4.50	7.75	4.23	5.49	3.29	3.64
2008	4.54	7.95	4.20	5.14	3.55	3.51
2009	4.76	7.99	4.20	5.69	3.64	3.60
2010	4.80	8.33	4.33	5.68	3.61	3.66
2011	4.88	8.83	4.46	5.45	3.45	4.07
2013	5.16	5.05	4.16	5.15	3.95	3.62
2014	5.16	5.13	4.20	4.89	4.02	3.69
2015	5.24	4.85	4.03	5.07	4.3	3.39

资料来源：国家统计局网站，Wind 金融终端数据库。

就天津自身而言，2001～2015 年，天津的教育总投入比例一直低于北京、重庆、上海和全国水平，只是总体上高于河北的投入比例，而后三年更是沦为排名垫底的尴尬地位（见图 4.3）。这对于天津这样的中央直辖市，教育事业发展一直被置于优先发展的地位，实在是需要认真反思的现象。

图 4.3 将这种窘境以更直观的形式呈现在人们面前，天津教育总投入占GDP 的比重历年均低于全国水平，仅比河北的教育总投入占 GDP 比重高，更是低于北京、上海、重庆的水平。2001～2015 年，天津的教育投入相对规模整体呈逐渐下降趋势，最高为 2002 年，达到 4.20%，最低为 2015 年，仅为3.39%，其间尽管在 2009 年、2010 年和 2011 年，天津教育经费投入相对规模虽有所上升，分别上升 0.09 个百分点、0.06 个百分点和 0.59 个百分点，但2013 年上升趋势被打破，比例下降了 0.45 个百分点，2014 年和 2015 年则继续重复先略微上升，继而在更大幅度上下降的套路。当然，表 4.2 和图 4.3 还透露出一个现象，就是北京在 2012 年前后教育投入相对规模经历了一个断崖式下降的过程，由 2011 年 8.83% 骤降为 2013 年的 5.05%，跌幅为 3.78 个百分点，也十分值得思考。

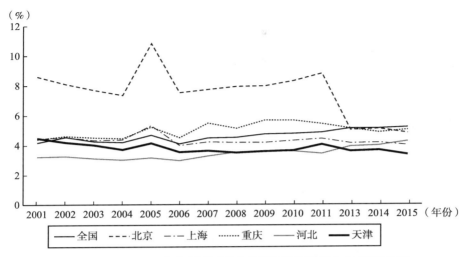

图 4.3　2001～2015 年全国及五省市分地区教育总投入占 GDP 比重

资料来源：国家统计局网站，Wind 金融终端数据库。

　　根据上海教育科学研究院研究员胡瑞文等的预测，2020 年我国全社会教育总投入需占 GDP 的 7%，才能保障我国教育事业在 2020 年完成扩大规模、提高普及水平、推进均衡发展三大任务①。对于天津来说，一方面包括政府在内的社会各界必须加大教育总投入力度才能逐渐实现胡瑞文教授预测的 2020 年 7% 的目标；另一方面，就 2015 年断面数据来看，天津也必须加大投入力度，才能摆脱在六个参照对象中占比也最低的令人尴尬的位置。表图 4.4 描绘了全国及五省市教育总投入占 GDP 比例的断面图，可以清晰地看到天津差距之所在。图 4.4 还发现另一个令人费解的现象，就是在全国财政性教育支出达到纲要规定的 4% 之前的 2011 年，全国教育投入占 GDP 比重尚且达到 4.88%，其他五个省市教育总投入占比也有不错的表现，尤其是北京居然达到 8.83% 的历史第二高；但在 2012 年全国财政性教育支出比重达到纲要规定的 4% 之后，2013 年全国教育总投入占比上升到 5.24%，但其他五省市同年教育总投入比重只有经济发展水平较低的河北与全国走势基本保持同步，而教育发展责任在全国举足轻重的四个直辖市教育总投入占比居然全面下降，北京、上

---

① 转引自李雪林，张晓燕.2020 年教育总投入需占 GDP7%［N］. 文汇报，2010.01.28.

海、重庆、天津分别由 2011 年的 8.83、4.46、5.45、4.07 个百分点，下降到 2013 年的 5.05、4.16、5.15、3.62 个百分点。说明四个直辖市对教育投入比重上升没有起到助推作用，反而是抑制作用，的确值得这些直辖市的决策者反思。

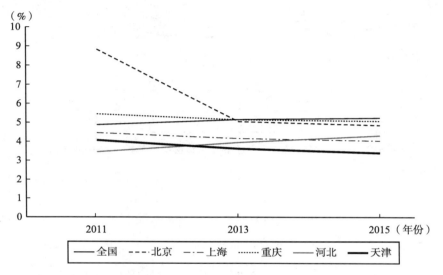

图 4.4　2011 年、2013 年、2015 年全国及五省市教育总投入占 GDP 比重

三、财政性教育经费与财政预算内教育经费的变动情况

通常一个国家对教育的资金物质投入渠道都是多元的。《中华人民共和国教育法》第五十三条规定："国家建立以财政拨款为主、其他多种渠道筹措教育经费为辅的体制，逐步增加对教育的投入，保证国家举办的学校教育经费的稳定来源。"根据具体投入主体不同，教育总投入由财政性教育经费（包括财政预算内教育经费）、民办学校办学经费、社会捐赠经费、事业收入、学杂费、其他教育经费等构成。但在整个教育经费中，财政性教育经费支出是主体；在财政性教育经费中，预算内教育经费是主体。如前所述，财政性教育经费是教育公共性的主要支撑者。在《国家教育事业发展"十三五"规划》中，财政性教育经费和财政预算内教育经费是两个有明确硬约束的指标："保证国家财

政性教育经费支出占国内生产总值的比例一般不低于 4%""确保财政一般公共预算教育支出逐年只增不减"。所谓财政性教育经费指政府财政性资金中投入教育的部分,包括公共财政预算教育经费、各级政府征收用于教育的税费、企业办学中的企业拨款、校办产业和社会服务收入用于教育的经费和其他属于国家财政性教育经费。所谓财政预算内教育经费指中央、地方各级财政或上级主管部门在本年度内安排,并划拨到各级各类学校、教育行政单位、教育事业单位,列入国家预算支出科目的教育经费。我们现在梳理全国和五省市 2001~2015 年这两个指标的变动情况。

表 4.3 数据告诉我们,从 2012 年开始,财政性教育经费占 GDP 的 4% 的指标已经稳定实现;预算内教育经费不仅是只增不降,而且增速颇高,15 年间年均增速 17.9%,考虑到同样年限区间财政一般预算支出平均增速只有17.3%,就是说,预算内教育经费支出在财政支出中比重也是上升的,教育支出增速已经跑赢了全部财政支出增速,完成了相关法律法规规定的指标。

表 4.3   2001~2015 年全国财政性教育经费与预算内教育经费变动

年份	财政性教育经费(亿元)	财政预算内教育经费(亿元)	国内生产总值(亿元)	财政性教育经费/GDP(%)	预算内教育经费比上年增速(%)
2001	3057	2582	110863.1	2.76	—
2002	3491	3114	121217.4	2.88	20.6
2003	3851	3454	137422.0	2.80	10.92
2004	4466	4028	161840.2	2.76	16.62
2005	5161	4666	187318.9	2.76	15.84
2006	6348	5796	219438.5	2.89	24.22
2007	8280	7655	270232.3	3.06	32.07
2008	10450	9686	319515.5	3.27	26.53
2009	12231	11419	349081.4	3.50	17.89
2010	14670	13490	413030.3	3.55	18.14
2011	18587	16805	489300.6	3.80	24.57
2012	23148	20314	540367.4	4.28	20.88
2013	24488	21406	595244.4	4.11	5.38

续表

年份	财政性教育经费（亿元）	财政预算内教育经费（亿元）	国内生产总值（亿元）	财政性教育经费/GDP（%）	预算内教育经费比上年增速（%）
2014	26421	22570	643974.0	4.10	5.44
2015	29221	25862	689052.1	4.24	14.59

资料来源：国家统计局网站，《中国统计年鉴2017》，Wind金融终端数据库。

由表4.4可知，除去北京、重庆财政性教育经费占GDP比例达到规划要求指标外，其他三个省市在2012年以后均未达到4%；即使比较容易达标的财政预算内教育经费应比上年只增不降的要求，上海和天津均在2015年比上年在绝对数上稍有下降。在编制"十三五"教育投入计划时必须杜绝这种现象，而应该将教育规划所定指标作为编制教育投入计划的下限。

表4.4　　2001～2015年五省市财政性教育经费与预算内教育经费变动

年份	北京				上海			
	财政性教育经费（亿元）	预算内教育经费（亿元）	地区生产总值GDP（亿元）	财政性教育经费/GDP（%）	财政性教育经费（亿元）	预算内教育经费（亿元）	地区生产总值GDP（亿元）	财政性教育经费/GDP（%）
2001	216	197	3708	5.83	232	153	5210	4.45
2002	219	202	4315	5.08	174	153	5741	3.03
2003	252	232	5007	5.03	193	169	6694	2.88
2004	298	277	6033	4.94	229	199	8073	2.84
2005	336	311	6970	4.82	275	235	9248	2.97
2006	254	231	8118	3.13	265	227	10572	2.51
2007	318	294	9847	3.23	326	289	12494	2.61
2008	383	352	11115	3.45	367	320	14070	2.61
2009	433	401	12153	3.56	383	340	15046	2.55
2010	514	469	14114	3.64	441	394	17166	2.57
2011	628	558	16252	3.86	584	480	19196	3.04
2012	—	—	—	—	—	—	—	—
2013	894	—	19801	4.51	764	—	21818	3.50
2014	968	758	21331	4.54	797	674	23568	3.38
2015	981	847	23015	4.26	826	740	23123	3.57

续表

年份	重庆				河北			
	财政性教育经费（亿元）	预算内教育经费（亿元）	地区生产总值 GDP（亿元）	财政性教育经费/GDP（%）	财政性教育经费（亿元）	预算内教育经费（亿元）	地区生产总值 GDP（亿元）	财政性教育经费/GDP（%）
2001	54	48	1977	2.73	121	101	5517	2.19
2002	65	59	2233	2.91	137	124	6018	2.28
2003	70	64	2556	2.74	148	135	6921	2.14
2004	83	75	3035	2.73	175	161	8478	2.06
2005	96	89	3468	2.77	213	195	10012	2.13
2006	108	99	3907	2.76	237	217	11468	2.07
2007	147	140	4676	3.14	310	284	13607	2.28
2008	181	171	5794	3.12	417	383	16012	2.60
2009	232	220	6530	3.55	469	435	17235	2.72
2010	289	269	7956	3.63	565	518	20394	2.77
2011	383	359	10011	3.83	684	611	24516	2.79
2013	523	—	12783	4.09	852	—	28443	3.00
2014	554	447	14263	3.88	893	802	29421	2.04
2015	640	520	15717	4.07	1073	1001	29806	3.60

年份	天津			
	财政性教育经费（亿元）	预算内教育经费（亿元）	地区生产总值 GDP（亿元）	财政性教育经费/GDP（%）
2001	53	46	1919	2.76
2002	60	53	2151	2.79
2003	69	60	2578	2.68
2004	78	70	3111	2.51
2005	90	81	3906	2.30
2006	97	87	4463	2.17
2007	115	105	5253	2.19
2008	149	137	6719	2.22
2009	180	168	7522	2.39
2010	227	210	9224	2.46

年份	天津			
	财政性教育经费 （亿元）	预算内教育经费 （亿元）	地区生产总值 GDP （亿元）	财政性教育经费/GDP （％）
2011	339	292	11307	3.00
2013	499	462	14442	3.46
2014	554	517	15727	3.52
2015	478	464	16538	2.89

资料来源：表4.4 中数据来自国家统计局网站中的"地区数据"，Wind 金融终端数据库，教育部网站。

四、公用教育经费的变化及分配情况

众所周知，根据使用主体的不同，财政拨付的所有经费基本可以分为两个部分，一是人员经费，二是公用经费。人员经费指直接用于财政供养人口个人部分的支出，具体包括基本工资、补助工资、其他工资、职工福利费、社会保障费等。该部分支出大多最终形成领受者的个人收入，形成个人消费基金，对个人消费水平和结构的形成发挥重要作用。公用经费指单位为完成工作任务用于设备设施的维持性费用支出，以及直接用于公务活动的支出，具体包括公务费、业务费、修缮费、设备购置费、其他费用等。从物质形态来说，公务经费的拨付情况是直接影响事业产品提供状态的支出类别，也是事关事业发展状况的主要支出类别。因此，拨款单位经常会对公用经费在整个使用资金的比重十分重视，以此作为拨付资金对事业发展作用的重要衡量标准。在财政教育支出中，也能够分为人员经费和公用经费两个部分，它应该成为测算财政教育支出包括地区性教育支出的重要依据。

鉴于公布出的人均公用教育经费均是按照教育层次分别列示的，我们下面也将依教育层次将全国及五省市人均公用教育经费对比列出，便于我们对对比对象之间的公用教育经费水平做出比较清晰的横向比对。

（一）全国及五省市普通小学人均公用教育经费变化及增长率情况

表4.5 描述了包括全国、北京、上海、重庆、河北、天津六个对比对象在

2003～2015 年间普通小学人均公用教育经费变动情况。

表 4.5　　　2003～2015 年全国及五省市普通小学人均公用教育经费情况　　单位：元

年份	全国	北京	上海	重庆	河北	天津
2003	83.49	860.57	1229.15	59.41	56.17	232.27
2004	116.51	984.52	1664.65	116.48	75.05	303.01
2005	166.52	1235.38	1865.70	222.99	140.54	411.62
2006	270.94	1619.42	2308.80	464.56	171.00	511.94
2007	425.00	2951.59	2844.93	495.35	379.32	592.62
2008	616.28	4271.47	3179.68	714.58	540.17	1042.40
2009	743.70	4722.87	3453.12	853.23	689.53	1144.08
2010	929.89	5836.99	4264.69	1166.45	892.25	1691.80
2011	1366.41	8719.44	5369.22	1501.87	1213.72	2272.52
2012	1829.14	8731.79	6021.19	2219.34	1362.87	3353.70
2013	2068.47	9938.97	6417.43	2309.65	1390.81	3788.90
2014	2241.83	9950.95	7383.61	2513.19	1439.30	3968.87
2015	2434.04	9753.38	6983.97	2940.79	1770.62	4361.41

资料来源：Wind 金融终端数据库。

　　由表 4.5 可以计算出，在 2003～2015 年间，全国普通小学人均公用教育经费年均实际支出增速为 32.45%，增幅之高令人惊叹！但同时间段内还有重庆和河北两省市该指标增速更是超过全国水平，分别达到 38.43% 和 33.32%；即使稍低些的北京和天津，该增速也分别达到 22.42% 和 27.68%；增速垫底的上海也达到 15.58%。这样的普通小学人均公用经费增速不仅高于预算内教育支出增速、财政性教育经费增速，也肯定高于全部财政支出增长速度，为我国小学教育发展提供了真金白银式支持。天津在该指标上表现不俗，增速排名位居六个对比对象的第四位，由人均 232 元增至 4361 元，增加近 18 倍，经费数额比全国水平高出近 80%，使天津普通小学教育水平位居全国前列，保证了义务教育主要阶段的高质量。全国普通小学生均公用教育经费达到 2434 元。保障水平最高的还是北京，该市 2015 年普通小学生均公用教育经费支出额达到近万元，比天津高出 1 倍多，比河北高出 4.5 倍，比全国平均水平高 3 倍，甚至比上海都高出近 40%。图 4.5 对此有形象地描述。

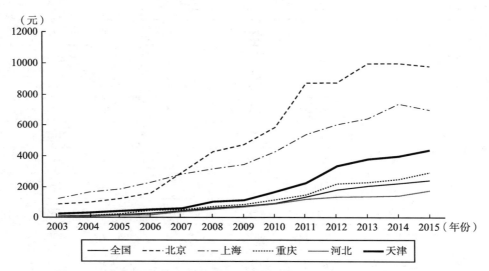

图 4.5 2003～2015 年全国及五省市普通小学人均公用教育经费支出比较

资料来源：依据表 4.5 数据绘制。

（二）全国及五省市普通初中人均公用教育经费变化及增长率情况

表 4.6 描述了包括全国、北京、上海、重庆、河北、天津六个对比对象在 2003～2015 年间普通初中人均公用教育经费变动情况。该阶段教育也属于义务教育阶段，其公用经费保障程度对初中教育质量的影响举足轻重。

表 4.6 2003～2015 年全国及五省市普通初中人均公用教育经费情况 单位：元

年份	全国	北京	上海	重庆	河北	天津
2003	127.31	1210.36	1229.15	94.11	77.59	425.00
2004	164.55	1356.36	1664.65	138.96	106.18	425.14

续表

年份	全国	北京	上海	重庆	河北	天津
2005	232.88	1794.44	1865.70	334.98	169.34	469.08
2006	378.42	2460.80	2308.80	599.58	235.18	728.88
2007	614.47	4963.63	2844.93	696.97	478.28	787.69
2008	936.38	5796.73	3179.68	1107.10	757.71	1326.07
2009	1161.98	6352.23	3453.12	1249.99	989.82	1689.62
2010	1414.33	8247.66	4264.69	1566.86	1305.69	2521.05
2011	2044.93	11241.78	5369.22	1966.78	1854.38	2983.13
2012	2691.76	11268.46	6021.19	2684.50	2049.95	4477.88
2013	2983.75	13747.01	6417.43	2887.39	2083.65	5379.93
2014	3120.81	14127.64	7383.61	3050.43	2121.14	6134.37
2015	3360.60	15945.08	6983.97	3340.42	2533.69	6356.92

资料来源：Wind 金融终端数据库。

　　根据表 4.6 和图 4.6 的数据可以计算得出，我国从全国到地方初中阶段的公用教育经费保障水平都是比较高的，增长速度惊人，基本保证了义务教育初中阶段的高质量。从全国平均增速的 31.36%，到最高增速的重庆 34.64%、次高的河北 33.71%，乃至增速最低的上海也都达到 15.58%，同任何国家、任何公共服务项目相比，这样的上升速度都是令人鼓舞的。就天津来说，其对普通初中阶段的公用经费保障水平也应该是高水平的。十多年间，普通初中的生均公用教育经费年均增速达到 25.29%，在六个对比对象中排在第四位，与普通小学排名相同；保障水平上排在北京、上海之后，位居第三位，比河北水平高出 1.5 倍，比重庆和全国平均水平高出近 1 倍，但只是北京保障水平的 40% 和上海的 90% 左右。因此，在编制新的公用经费支出计划时，天津的决策者还需要思想更解放一下，方能真正将天津打造成义务教育的高地。

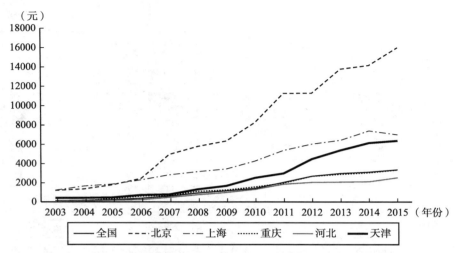

图4.6　2003～2015年全国及五省市普通初中人均公用教育经费支出比较

资料来源：依据表4.6数据绘制

（三）全国及五省市普通高中人均公用教育经费变化及增长率情况

根据我国法律规定，高中阶段不属于义务教育，受教育对象承担一定的成本补偿任务于法有据。但是，随着我国经济社会发展对劳动者受更高层次教育的要求，我国高中教育事业呈现快速发展态势；另外经济发展导致财政负担能力增强，国民对子女教育的超乎寻常的重视，使得我国高中教育的公共性程度快速提升，也导致普通高中人均公用教育经费财政保障水平上升。表4.7和图4.7描述了全国和五省市对高中阶段的人均公用教育经费的支出水平。

表4.7　　　　2003～2015年全国及五省市普通高中人均公用教育经费情况　　单位：元

年份	全国	北京	上海	重庆	河北	天津
2003	264.83	1769.36	1895.41	149.00	247.61	1051.39
2004	290.31	1769.75	2232.24	226.28	247.70	1315.24
2005	363.54	2372.61	2285.87	399.07	313.38	1382.83
2006	449.15	2809.14	2589.08	573.67	391.31	1391.42
2007	509.96	3708.31	2959.87	576.05	457.72	1393.22
2008	698.28	6187.14	3764.32	1073.03	599.90	1433.31

续表

年份	全国	北京	上海	重庆	河北	天津
2009	831.59	6994.58	4107.46	973.28	701.21	1807.56
2010	1348.43	8864.84	5485.57	1239.23	859.72	2160.81
2011	1687.54	13612.11	6695.11	1759.63	1136.10	3099.90
2012	2593.15	13660.11	8958.97	2739.88	2193.12	3748.96
2013	2742.01	16644.28	9154.50	3243.28	2074.95	5562.89
2014	2699.59	16716.08	9380.18	2986.64	2207.91	10411.54
2015	2915.97	14807.38	10183.46	3144.15	2613.66	10677.92

资料来源：Wind 金融终端数据库。

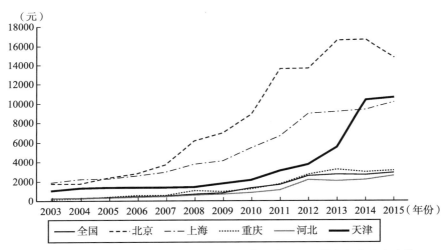

图4.7　2003～2015 年全国及五省市普通高中人均公用教育经费支出比较

资料来源：依据表4.7 数据绘制。

通过表4.7 和图4.7 的数据计算出的年度平均增速，我们也可以明显地感受到国家对高中教育的高度重视，全国和五省市的高中教育阶段的人均公用教育经费增长速度是很高的，为高中教育发展提供了比较坚实的物质基础。无论是全国平均增速 22.13%，还是五省市中增速排在前两位的重庆（28.93%）和河北（21.70%），抑或是增速排在后两位的北京（19.37%）和上海（15.04%），以及位列中游的天津（21.31%），从它们增长速度的绝对值看，都是很令人振奋的。再者，就五省市高中阶段人均公用教育经费保障数额来看，2003 年它们之间的排序是上海—北京—天津—河北—重庆，但十多年后的 2015 年，它们之间的排序变为北京—天津—上海—重庆—河北。北京在增加 7.4 倍后，一举超过上海（增加 4.4 倍），升为五省市第一名；而重庆在增加 20 倍后，也超越河北（增加近 10 倍）成为第四名。天津也表现不俗，在增加了 9.2 倍后，超过上海跻身五省市的前两位，2015 年天津高中阶段人均公用教育经费的支出数额是 10677.92 元，相当于全国平均水平的 3.7 倍，分别相当于北京的 72%、上海的 105%、重庆的 240%、河北的 409%。特别是 2014 年，天津在上年的 5562.89 元的基础上，一年间增加高中阶段人均公用经费近 90%，支出数额成功跃上万元台阶，奠定了天津高中教育大发展的基础。

（四）全国及五省市中等职业学校人均公用教育经费变化及增长率情况

职业教育是我国教育体系中的重要组成部分。随着我国要建立制造业强国，大力弘扬工匠精神，职业技术教育（包括中等职业技术教育）肯定会加快发展，为经济发展提供并储备大量符合质量要求的职业技术人才。同样，通过比较充足的公用教育经费也是支持中等职业教育发展的基本条件。表 4.8 和图 4.8 对 2003～2015 年间全国及五省市中等职业学校人均公用教育经费状况进行了详细描述。

表 4.8　　2003～2015 年全国及五省市中等职业学校人均公用教育经费情况　单位：元

年份	全国	北京	上海	重庆	河北	天津
2003	239.23	1116.37	1098.71	180.21	156.98	429.93
2004	267.70	1116.85	1680.47	188.11	137.98	475.65
2005	336.66	1444.79	1703.35	352.65	225.28	478.29
2006	407.28	3946.26	1789.70	692.32	334.30	994.69
2007	718.00	3335.15	2840.07	761.22	469.54	1366.87
2008	911.71	5155.52	3283.87	947.79	462.06	865.19

续表

年份	全国	北京	上海	重庆	河北	天津
2009	1164.43	6525.69	3726.25	1052.51	513.64	1352.36
2010	1468.03	7962.78	4553.20	1521.83	880.25	1422.43
2011	2212.85	9096.94	5394.17	1914.20	1236.55	2981.70
2012	2977.45	9149.75	7051.29	3188.11	1539.01	4054.30
2013	3578.25	11108.66	7912.46	3995.18	2047.38	5797.35
2014	3680.83	13473.07	8110.24	3639.83	2435.11	5918.03
2015	4345.00	14945.67	8962.48	4258.19	3935.03	7882.16

资料来源：Wind 金融终端数据库。

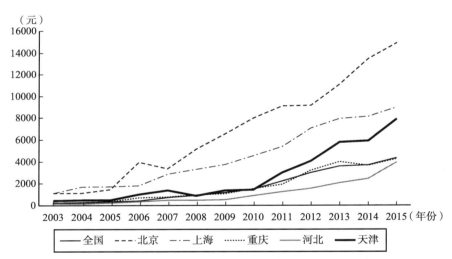

图 4.8 2003～2015 年全国及五省市中等职业学校人均公用教育经费支出比较

资料来源：依据表 4.8 数据绘制。

由表 4.8 和图 4.8 的数据可以计算出平均增速，全国及五省市的中等职业学校人均公用教育经费保障水平提升速度都是比较快的，除上海平均增速略低于 20％外，其他五个对比对象都在 20％以上，重庆和河北都在 30％以上。大体可以说明大家对中等职业教育的重要性是比较认可的，都不想在该阶段教育竞争中甘拜下风。除全国平均增速达到 27.33％之外，其他五省市增速排序依次为重庆、河北、天津、北京、上海。就绝对额看，2003 年五省市之间的排序是北京、上海、天津、重庆、河北，十多年后排序依然如故。天津 2015 年重点职业学校人均公用教育经费数额为 7882.16 元，相当于全国平均水平的 181%，也相当于北京的 53%、上海的 88%、重庆的 185%、河北的 200%。随着天津要着力打造"以战略性新兴产业为引领、先进制造业为支撑、十大支柱产业为重点、生产性服务业协同发展的全国先进制造研发基地"的发展目标的提出，作为以提高员工操作性技能为己任的中等职业技术教育，更要在该领域公用教育经费保障上做出超常努力。

（五）全国及五省市普通高等学校人均公用教育经费变化及增长率情况

高等教育是教育的最高阶段，也是评价一个地区教育发展水平的主要标志。《天津市教育事业发展"十三五"规划》对天津"十三五"时期高等教育发展制定了一系列详细指标，诸如，高等教育毛入学率达到 65%，新增劳动力平均受教育年限达到 15.5 年，主要劳动年龄人口接受高等教育比例达到 40%，每十万人口在校大学生人数保持在 4500 人，从业人员继续教育参与率达到 80% 以上等。所有这些目标都对高等学校人均公用经费增长提出了比较高的要求。表 4.9 和图 4.9 对 2003～2015 年普通高等学校人均公用教育经费变化及增长率做出了清晰的描述。

表 4.9　　2003～2015 年全国及五省市普通高等学校人均公用教育经费情况 单位：元

年份	全国	北京	上海	重庆	河北	天津
2003	2352.36	9946.66	3504.72	1942.22	731.51	3395.27
2004	2298.41	10216.89	4490.53	2084.69	825.71	3886.90
2005	2237.57	10688.17	6865.05	2095.82	635.49	4021.63
2006	2513.33	11389.27	7043.95	2045.05	974.93	4458.83
2007	2596.77	12999.78	7106.59	2636.03	1043.36	4466.36
2008	3235.89	15418.47	9494.30	2707.59	1107.88	4490.68
2009	3802.49	19828.66	10679.17	2786.35	1086.22	4820.81
2010	4362.73	19896.42	15438.48	4625.17	1616.21	5237.56
2011	7459.51	26465.43	23492.42	9073.88	4253.09	10850.65

年份	全国	北京	上海	重庆	河北	天津
2012	9040.02	26618.30	23539.75	9778.93	11211.86	13264.04
2013	7899.07	27058.65	23857.38	8106.90	7431.32	15135.72
2014	7637.97	34710.96	17831.19	8181.15	6520.68	10224.68
2015	8280.08	18337.09	17180.54	8648.91	7139.58	12624.05

资料来源：Wind 金融终端数据库。

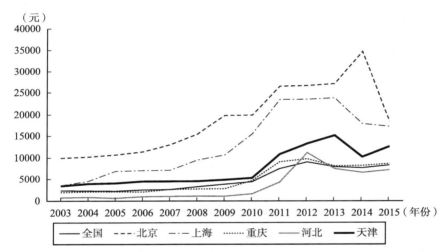

图 4.9　2003～2015 年全国及五省市普通高等学校人均公用教育经费支出比较
资料来源：依据前面各表的数据计算得到。

根据表 4.9 和图 4.9 的描述，2003～2015 年的十多年间，我国高等教育人均公用教育经费的增长速度明显慢于前四个教育阶段，全国平均增速才达到 11.06%，增速最高的河北刚登上 20% 的台阶，最低的北京只是个位数增速，其他三个直辖市都维持在百分之十几的年均增速。北京的数据有点不可思议，一方面北京平均增速只有 5.23%，相当于全国平均增速的不到 50%，相当于河北增速的 25%；另一方面，导致北京增速大幅下滑的主要问题是 2015 年高等学校人均公用教育经费比上年下降了 47%，暴跌将近一半，而当年北京地区生产总值增长了 8.32%，财政一般预算收入增长了 17.3%，财政一般预算支出增加了 26.8%，地方教育支出增加了 15.3%。因此人均公用经费暴跌看起来是有深层原因的。天津表现只能算是中规中矩，平均增速在五省市中排名第四位，高等学校人均公用教育经费 12624.05 元，相当于全国平均水平的 152%，相当于北京的 69%，以及上海的 73%、重庆的 146%、河北的 177%。特别值得一提的是 2011 年，高等学校人均公用经费在上年 5000 多元的基础上，陡增了 1 倍多，达到 10851 元，大大提升了天津高等学校的发展动力。

（六）全国及五省市各阶段教育人均公用教育经费平均增长率情况

六个对比对象在不同教育阶段上人均公用经费平均增长速度不同，使得他们之间在 2015 年底的相对保障水平也参差不齐。表 4.10 和图 4.10 刻画了六个对比对象 2003～2015 年间各个教育阶段人均公用经费增长速度上的差异，以此作为我们在编制天津"十三五"期间教育投入保障程度时可以参考的重要依据。

表 4.10　　2003～2015 年全国及五省市各教育阶段人均公用经费平均增速　　单位：%

对比对象	普通小学	普通初中	普通高中	重点职业学校	普通高等学校
全国	32.45	31.36	22.13	27.33	11.06
北京	22.42	23.97	19.37	24.13	5.23
上海	15.58	15.58	15.04	19.91	14.16
重庆	34.43	34.64	28.93	30.15	13.25
河北	33.72	33.71	21.7	30.8	20.91
天津	27.68	25.29	21.31	27.43	11.56

资料来源：Wind 金融终端数据库。

将表 4.10 和图 4.10 的数据做一对比，可以看出天津在五个教育阶段中大都位居中游，所谓"比上不足比下有余"。但是如果比照《天津市教育事业发展"十三五"规划》对天津"十三五"时期教育事业发展的基本要求，"教育现代化水平全面提高，人才培养质量全面提升，公共服务更加公平普惠，形成与天津新的城市定位相适应的现代教育体系，形成有利于激发教育发展活力的有效机制，率先实现教育现代化"，教育投入特别是人均公用教育经费必须有更大的增长。

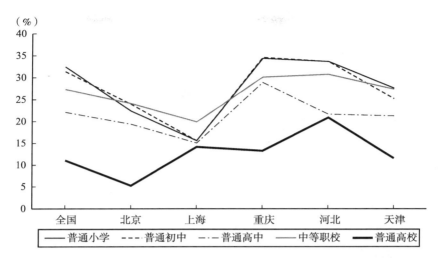

图 4.10　2003～2015 年全国及五省市各教育阶段人均公用教育经费平均增速比较

资料来源：依据表 4.10 数据绘制。

五、各个教育阶段主要经费来源结构分析

如前所述，一国的教育投入总有不同的投入渠道构成。根据教育投入与教育机构的关系不同，可以分为直接教育投入和间接教育投入，前者指直接投入到教育机构，直接作用于教育产品生产供给过程的投入，如直接对学校的财政拨款、学校收取的学杂费、直接对学校的社会捐助、民间资本对民办学校的投入、其他教育经费等；后者指间接投入到教育事业的资金，如对校办产业减免退税、教育贷款利息优惠、教育工作者专享的消费优惠等。根据教育经费投入主体不同，可以分为财政性教育经费（包括财政预算内教育经费等）、民办学校教育经费、社会捐赠经费、学校事业费收入、学杂费收入、其他教育经费等。每个教育阶段的教育经费都会涉及各种经费来源。下面对各个教育阶段教育经费的主要来源结构进行结构性分析。

（一）学前教育阶段教育经费的来源结构分析

我国以幼儿园为主体的学前教育阶段并未纳入义务教育，目前主要办学力量依然是民间资本，但是国家对幼儿园的财政注资力度在不断加强，2015 年财政性资金占幼儿园教育经费总量的 47%。表 4.11、表 4.12 和图 4.11 是 1997~2015 年我国幼儿园教育经费来源结构的详细呈现。

表 4.11　　　　　　　　1997~2015 年我国幼儿园教育经费来源　　　　单位：亿元

年份	教育经费总额	财政性教育经费	社会捐赠收入	事业收入	事业收入：学杂费收入	其他经费
1997	32.20	22.08	1.59		7.54	0.99
1998	40.00	24.22	1.51		7.74	6.53
1999	45.54	27.54	1.40		7.85	8.75
2000	51.63	31.00	1.55		9.02	10.06
2001	60.28	36.39	1.42		9.94	12.53
2002	67.58	41.64	1.49		11.00	13.45
2003	74.26	46.24	1.25		11.97	14.80
2004	87.52	54.50	1.37		13.82	17.83
2005	104.55	65.72	1.88		15.00	21.95
2006	124.53	79.51	1.53	39.97	17.62	3.52
2007	157.14	102.83	1.52	48.26		4.53
2008	198.84	132.94	1.45	60.29	48.92	4.16
2009	244.79	166.27	1.84	72.46	63.5	4.22
2010	728.01	244.35	5.02	434.21	384.20	44.43
2011	1018.58	415.70	5.02	549.76	492.73	48.10
2013	1758.05	862.37	3.00	820.31	755.66	72.37
2014	2048.76	934.05	2.37	1037.67	982.09	74.67
2015	2426.74	1132.87	2.87	1209.95	1156.48	81.05

注：学杂费收入是事业收入的一部分。
资料来源：Wind 金融终端数据库。

表 4.12　　　　　　　　1997~2015 年幼儿园教育经费来源结构　　　　单位：%

年份	教育经费总额	财政性教育经费	社会捐赠收入	事业收入	事业收入：学杂费收入	其他经费
1997	100	68.57	4.94		23.42	3.07
1998	100	60.55	3.78		19.35	16.32
1999	100	60.47	3.07		17.24	19.22

续表

年份	教育经费总额	财政性教育经费	社会捐赠收入	事业收入	事业收入：学杂费收入	其他经费
2000	100	60.04	3.00		17.47	19.49
2001	100	60.37	2.36		16.49	20.78
2002	100	61.62	2.20		16.28	19.90
2003	100	62.27	1.68		16.12	19.93
2004	100	62.27	1.57		15.79	20.37
2005	100	62.86	1.80		14.35	20.99
2006	100	63.85	1.23	32.10		2.82
2007	100	65.44	0.97	30.71		2.88
2008	100	66.86	0.73	30.32		2.09
2009	100	67.92	0.75	29.60		1.73
2010	100	33.56	0.69	59.64		6.11
2011	100	40.81	0.49	53.97		4.73
2013	100	49.05	0.17	46.66		4.12
2014	100	45.59	0.12	50.65		3.63
2015	100	46.68	0.12	49.86		3.34

资料来源：本表数值是根据表4.11计算得到。

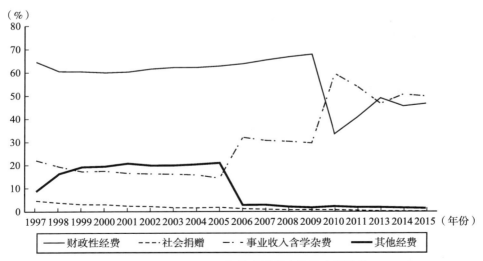

图4.11 1997～2015年幼儿园教育经费来源结构

由表4.11、表4.12和图4.11中可以清楚地看出学前教育较强的市场化属性，尤其是2010年以后，国家放开了对民间举办学前教育的限制，民间资本逐渐占据幼儿园的主要资金来源渠道，财政性资金退居二线，2015年财政性资金比重低于事业收入主要是学杂费收入。如果将来有可能将学前教育纳入义务教育范畴，财政性投资不能不占据主导地位。

（二）普通小学教育经费的来源结构分析

小学教育是我国义务教育的主体。2017年我国普通小学在校生规模超过1亿人，招生人数达到1700多万人，毕业1500多万人，净入学率99.91%，专任教师近600万人①。如此庞大的小学教育规模，尽管跟小学招生的高峰时期相比已经大为下降②，但放眼全世界，也极少有国家可以与我国相提并论③（见图4.12）。

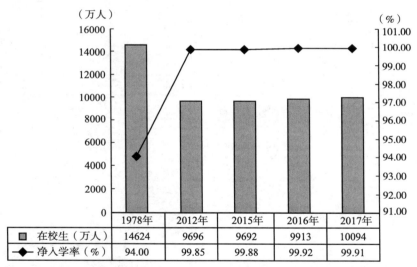

	1978年	2012年	2015年	2016年	2017年
在校生（万人）	14624	9696	9692	9913	10094
净入学率（%）	94.00	99.85	99.88	99.92	99.91

图4.12　我国1978年、2012年、2015～2017年小学在校生和净入学率状态

资料来源：教育部网站，2017年全国教育事业发展统计公报。

---

① 教育部网站，2017年全国教育事业发展统计公报。

② 根据统计数据，我国小学招生的最高峰是1994～1996年，年招收人数分别达到2537万、2531万、2524万人。

③ 能够在小学教育规模上与我国相提并论的国家只能是印度，该国目前实行10年基础教育制，也就是免费义务教育阶段，这是面向所有学生的无差别化教育，包括小学5年，高小3年，初中2年，整个基础教育教育规模达到两亿人左右。

与庞大的教育规模相适应，我国小学教育的经费注入也是庞大的，投入渠道也比较丰富，但毫无疑问，财政性投入肯定是小学教育经费获取的最主要渠道，如表4.13、表4.14和图4.13所示。

表4.13　　　　　　　1997～2015年我国普通小学教育经费来源　　　　单位：亿元

年份	教育经费总额	财政性教育经费	社会捐赠收入	事业收入	事业收入：学杂费收入	其他经费
1997	834.97	637.88	78.08		76.51	42.50
1998	918.85	699.99	58.55		88.06	72.25
1999	994.00	770.47	44.20		92.82	86.51
2000	1081.44	848.75	37.06		99.39	96.24
2001	1274.01	1023.35	35.67		107.19	107.80
2002	1448.02	1163.69	32.79		115.61	135.93
2003	1574.24	1268.09	25.42		128.38	152.35
2004	1804.57	1473.15	25.41		144.99	161.02
2005	2031.52	1669.04	26.84		152.58	183.06
2007	2948.30	2673.89	26.40	183.06	98.87	64.95
2008	3550.70	3297.90	26.95	168.74	76.76	57.11
2009	4216.92	3972.57	34.49	147.31	76.03	62.55
2010	4887.07	4642.60	26.03	152.90	89.60	65.54
2011	6012.08	5759.65	21.85	163.87	114.10	66.71
2013	7950.89	7641.85	12.17	207.74	157.63	89.13
2014	8680.64	8314.47	10.23	256.61	216.51	99.33
2015	9826.84	9371.84	9.89	319.47	275.47	125.64

注：表中没有2006年数据，因为该年的数据没有办法取得。学杂费收入是包括在事业收入中的。
资料来源：Wind金融终端数据库。

表4.14　　　　　　　1997～2015年我国普通小学教育经费来源结构　　　　单位：%

年份	教育经费总额	财政性教育经费	社会捐赠收入	事业收入	事业收入：学杂费收入	其他经费
1997	100	76.40	9.35		9.16	5.09
1998	100	76.18	6.37		9.58	7.87
1999	100	77.51	4.45		9.34	8.70

续表

年份	教育经费总额	财政性教育经费	社会捐赠收入	事业收入	事业收入：学杂费收入	其他经费
2000	100	78.48	3.43		9.19	8.90
2001	100	80.33	2.80		8.41	8.46
2002	100	80.37	2.26		7.98	9.39
2003	100	80.56	1.61		8.16	9.67
2004	100	81.63	1.41		8.03	8.93
2005	100	82.16	1.32		7.51	9.01
2007	100	90.69	0.9	6.21	3.35	2.2
2008	100	92.88	0.76	4.75	2.16	1.61
2009	100	94.21	0.82	3.49	1.80	1.48
2010	100	95.00	0.53	3.13	1.83	1.34
2011	100	95.8	0.36	2.73	1.90	1.11
2013	100	96.11	0.15	2.61	1.98	1.13
2014	100	95.78	0.12	2.96	2.49	1.14
2015	100	95.37	0.10	3.25	2.80	1.28

注：表中没有 2006 年数据，因为该年的数据没有办法取得。事业收入中包括了学杂费收入。
资料来源：Wind 金融终端数据库。

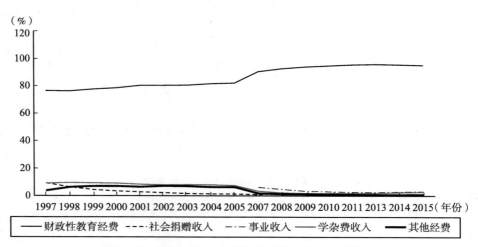

图 4.13 1997～2015 年普通小学教育经费来源结构

注：图中没有 2006 年数据，因为该年的数据没有办法取得。
资料来源：Wind 金融终端数据库。

由表 4.13、表 4.14 和图 4.13 可以看出，普通小学教育经费的绝对依靠就是国家财政，如果说 2006 年以前财政性经费投入尚且在 80% 上下徘徊，学杂费收入基本保持在接近 10% 的比重时，那么，2006 年以后，伴随着国家真正将义务教育阶段作为法定义务确立下来后，财政性经费在小学教育经费中的比重上升到 90%～96%，其他资金来源渠道基本可以忽略不计了！当然，我们在制定"十三五"时期天津教育经费投入计划时，必须牢固树立依法编制的理念，将小学教育经费的注入负担基本上由财政承担起来。

（三）普通初中教育经费的来源结构分析

普通初中也是我国义务教育的重要组成部分，自然其经费保障责任也要由国家财政担负主要责任。2017 年底，我国 5 万多所初中学校共招生 1500 多万人，毕业近 1400 万人，在校生规模达到 4400 多万人，初中阶段毛入学率 103.5%，专任教师 350 多万人①。庞大的初中教育规模加上义务教育的属性，使得国家财政承担了繁重的经费供给责任，如图 4.14、表 4.15、表 4.16 和图 4.15 所示。

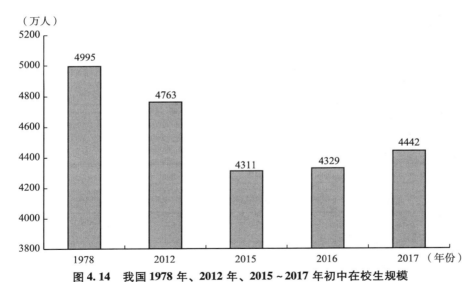

图 4.14 我国 1978 年、2012 年、2015～2017 年初中在校生规模

资料来源：教育部网站，2017 年全国教育事业发展统计公报。

---

① 资料来源：教育部网站，2017 年全国教育事业发展统计公报。

表 4.15　　　　　　　　**2007～2015 年我国普通初中教育经费来源**　　　　单位：亿元

年份	教育经费总额	财政性教育经费	社会捐赠收入	事业收入	事业收入：学杂费收入	其他经费
2007	2054.73	1739.06	18.39	235.26	131.78	62.02
2008	2521.76	2250.78	21.30	194.92	85.60	54.76
2009	2983.99	2721.84	28.76	178.54	89.75	54.85
2010	3413.15	3152.37	22.43	180.37	99.69	57.98
2011	4166.35	3902.40	17.71	189.86	122.29	56.38
2013	5156.64	4882.32	9.81	194.49	146.03	70.02
2014	5460.59	5136.53	8.45	238.85	190.97	76.76
2015	6089.30	5661.54	7.45	308.87	254.02	111.44

　　注：学杂费收入是包括在事业收入中的。
　　资料来源：Wind 金融终端数据库。

表 4.16　　　　　　　　**2007～2015 年我国普通初中教育经费来源结构**　　　　单位：%

年份	教育经费总额	财政性教育经费	社会捐赠收入	事业收入	事业收入：学杂费收入	其他经费
2007	100	84.64	0.90	11.45	6.41	3.01
2008	100	89.25	0.84	7.73	3.39	2.18
2009	100	91.21	0.96	5.98	3.01	1.85
2010	100	92.36	0.66	5.28	2.92	1.70
2011	100	93.66	0.43	4.56	2.94	1.35
2013	100	94.68	0.19	3.77	2.83	1.36
2014	100	94.07	0.15	4.37	3.50	1.41
2015	100	92.98	0.12	5.07	4.17	1.83

　　注：学杂费收入是包括在事业收入中的。
　　资料来源：本表数值系根据表 4.15 计算得到。

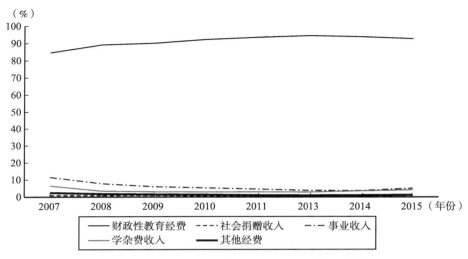

图 4.15 2007～2015 年普通初中教育经费来源结构

注：学杂费收入是包括在事业收入中的。

资料来源：Wind 金融终端数据库。

由于在我们使用的数据库中，2006 年以前的初中教育经费来源资料未能获得，但估计那一时间段内的初中经费来源结构与普通小学类似，财政性经费是主要来源渠道，但与 2006 年以后相比，恐怕还是稍微逊色一些的（对此前的数据我们还是要继续查找的）。关键是 2006 年国家通过了义务教育法修订版本，九年制义务教育正在由国家担承其供给责任，包括资金供给责任了，因此，2007 年以后的初中教育经费来源结构中，财政性经费逐步上升到 90% 以上，最高的 2013 年接近了 95%，其他来源中，除了事业收入尚能维持在 5% 左右的比重外，其他渠道都很微弱了。这也是我们在编制天津"十三五"教育经费投入方案时必须要注意到的现象。

（四）普通高中教育经费的来源结构分析

前面多次谈到，高中教育在我国虽不属于义务教育阶段，但普及性也很高，如果说，高中教育是最有可能成为新的义务教育层次的备选阶段，恐怕大家基本上都会持赞成态度的。根据最新的统计资料，2017 年我国有近 2.5 万所高中层次学校，招生了近 1400 万人，在校生规模达到近 4000 万人，高中阶段毛入学率为 88.3%。其中普通高中学校招收了 800 万人，在校生人数近 2400 万人，专任教师近 180 万人[①]。为了维持如此庞大的高中教育规模，国家投入了巨额财政资金，其他经费来源渠道也付出了很大成本，如表 4.17、表 4.18 和图 4.16 所示。

表 4.17　　　　　　2007～2015 年我国普通高中教育经费来源　　　　单位：亿元

年份	教育经费总额	财政性教育经费	社会捐赠收入	事业收入	事业收入：学杂费收入	其他经费
2007	1393.50	794.82	12.93	524.94	370.97	60.81
2008	1602.24	961.24	15.50	569.65	392.69	55.85
2009	1779.44	1109.34	24.20	589.82	407.19	56.08
2010	2003.35	1321.84	18.18	610.53	435.75	52.80
2011	2494.36	1799.96	18.61	623.82	454.61	51.97
2013	3226.27	2499.62	10.73	650.69	472.76	65.23
2014	3358.54	2619.19	10.88	662.01	509.39	66.54
2015	3628.33	2922.66	10.80	612.79	456.55	82.08

注：学杂费收入是包括在事业收入中的。
资料来源：Wind 金融终端数据库。

表 4.18　　　　　　2007～2015 年我国普通高中教育经费来源结构　　　　单位：%

年份	教育经费总额	财政性教育经费	社会捐赠收入	事业收入	事业收入：学杂费收入	其他经费
2007	100	57.04	0.93	37.67	26.62	4.36
2008	100	59.99	0.97	35.55	24.51	3.49
2009	100	62.34	1.36	33.15	22.88	3.15
2010	100	65.98	0.91	30.48	21.75	2.63
2011	100	72.16	0.75	25.01	18.23	2.08
2013	100	77.48	0.33	20.17	14.65	2.02
2014	100	77.99	0.32	19.71	15.17	1.98
2015	100	80.55	0.30	16.89	12.58	2.26

注：事业收入中包括学杂费收入。
资料来源：本表数值系根据表 4.17 计算得到。

---

① 资料来源：教育部网站，2017 年全国教育事业发展统计公报。

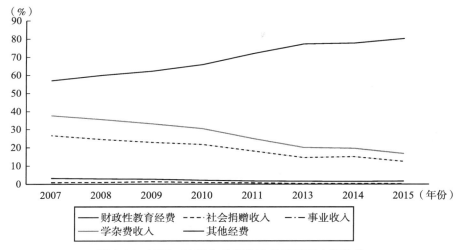

图 4.16 2007~2015 年普通高中教育经费来源结构

注：学杂费收入是包括在事业收入中的。

资料来源：Wind 金融终端数据库。

由表4.17、表4.18 和图4.16 可知，在总体上财政性资金在高中阶段经费来源结构中占据越来越大比重的同时，财政资金与事业收入，特别是其中的学杂费收入之间呈现明显的此消彼长关系。2007~2015 年间，财政性资金投入比重提高了 23 个百分点，同时事业收入下降了 20 个百分点，学杂费收入比重下降了 14 个百分点。财政性经费投入比重已经达到了 80% 以上，已经大幅度接近了小学和初中阶段的财政注资比率。因此，我们在前面的建议中，希望国家尽快将高中阶段也纳入义务教育阶段，是有着比较充分的现实基础的。

（五）中等职业教育经费的来源结构分析

中等职业教育是高中阶段教育的重要组成部分。2017 年，我国一万多所中职学校，实现招生近 600 万人，毕业近 500 万人，在校生近 1600 万人，专任教师 84 万人[①]。普通中专、成人中专、职业高中、技工学校四种中职教育机构全面发展，为我国熟练劳动者的培养做出突出贡献。中等职业学校的经费来源结构体现了自己的特点，如表4.19、表4.20 和图4.17 所示。

---

① 资料来源：教育部网站，2017 年全国教育事业发展统计公报。

表 4.19   2007～2015 年我国中等职业教育经费来源   单位：亿元

年份	教育经费总额	财政性教育经费	社会捐赠收入	事业收入	事业收入：学杂费收入	其他经费
2007	851.80	512.20	2.89	295.60	240.10	41.11
2008	1049.24	682.27	3.06	322.41	262.36	41.50
2009	1198.87	814.18	3.90	335.15	277.82	45.64
2010	1357.31	968.28	2.56	332.00	276.56	54.47
2011	1638.50	1259.06	2.48	322.66	266.84	54.30
2013	1997.87	1719.00	4.25	212.22	152.88	62.40
2014	1906.52	1647.33	2.07	192.94	123.68	64.18
2015	2137.80	1860.68	2.74	194.90	113.63	79.48

注：学杂费收入是包括在事业收入中的。
资料来源：Wind 金融终端数据库。

表 4.20   2007～2015 年我国中等职业教育经费来源结构   单位：%

年份	教育经费总额	财政性教育经费	社会捐赠收入	事业收入	事业收入：学杂费收入	其他经费
2007	100	60.13	0.34	34.70	28.19	4.83
2008	100	65.03	0.29	30.73	25.00	3.95
2009	100	67.91	0.33	27.96	23.17	3.80
2010	100	71.34	0.19	24.46	20.38	4.01
2011	100	76.84	0.15	19.69	16.29	3.32
2013	100	86.04	0.21	10.62	7.65	3.13
2014	100	86.41	0.11	10.12	6.50	3.36
2015	100	87.04	0.13	9.12	5.32	3.71

资料来源：本表数值系根据表 4.19 计算得到。

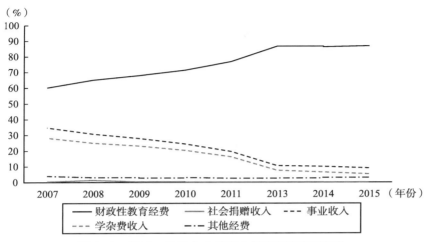

图4.17　2007~2015年中等职业教育经费来源结构

注：学杂费收入是包括在事业收入中的。

资料来源：Wind 金融终端数据库。

表4.19、表4.20 和图4.17 告诉我们，中等职业教育的财政性经费占比也是很高的，甚至已经超过普通高中，而且财政性经费比重的升高是与事业收入特别是与学杂费收入占比相应下降相辅相成的，财政性经费比重升高近 27 个百分点，事业收入占比下降近 26 个百分点，尤其是学杂费占比下降 24 个百分点。公共性上升，学生经济负担下降，接近免费教育，是这几年中等职业教育经费结构变化的主要特征。

（六）普通高等学校的经费来源结构分析

如前所述，我国高等教育在进入 21 世纪后获得快速发展。1978~2017年，高等教育在学校规模由 228 万人增加近 3800 万人，高等教育毛入学率由2.7% 升高到45.7%。2017 年，2600 多所普通高等学校招生 760 多万人，毕业730 多万人，在校生人数 2700 多万人，专任教师 160 多万人[1]。关于我国高等教育发展状况，以及 1997~2015 年普通高等学校经费来源结构的变动情况，如图4.18、表4.21、表4.22、图4.19 所示。

---

① 资料来源：教育部网站，2017 年全国教育事业发展统计公报。

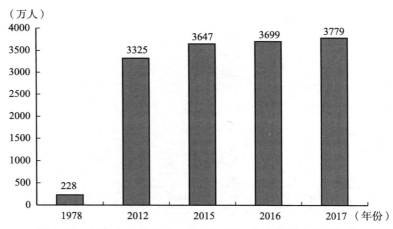

图 4.18 1978 年、2012 年、2015～2017 年高等教育在学规模

表 4.21　　　　　　　　1997～2015 年我国普通高等学校教育经费来源　　　　　　单位：亿元

年份	教育经费总额	财政性教育经费	社会捐赠收入	事业收入	事业收入：学杂费收入	其他经费
1997	390.48	305.75	5.85		57.89	20.99
1998	549.34	356.76	11.46		73.11	108.01
1999	708.73	443.16	16.17		120.78	128.62
2000	913.35	531.19	15.18		192.61	174.37
2001	1166.58	632.80	17.28		282.44	234.06
2002	1487.86	752.15	27.83		390.65	317.23
2003	1754.35	840.58	25.64		505.73	382.40
2004	2129.76	969.79	21.54		647.69	490.74
2005	2550.24	1090.86	21.08		791.92	646.38
2007	3634.19	1598.32	27.18	1698.72	1223.19	309.97
2008	4210.24	2003.51	28.63	1864.41	1418.13	313.69
2009	4645.01	2264.51	26.18	2018.89	1540.35	335.43
2010	5497.86	2901.80	29.64	2216.56	1676.08	349.86
2011	6880.23	4023.50	43.19	2400.72	1812.10	412.82

续表

年份	教育经费总额	财政性教育经费	社会捐赠收入	事业收入	事业收入：学杂费收入	其他经费
2013	7975.77	4796.88	43.33	2687.24	2000.00	448.32
2014	8509.86	5144.88	40.39	2886.17	1980.87	438.42
2015	9364.11	5841.14	48.05	3012.11	2015.69	462.81

注：学杂费收入是包括在事业收入中的。

资料来源：Wind 金融终端数据库。

表 4.22　　　　　1997～2015 年我国普通高等学校教育经费来源结构　　　单位：%

年份	教育经费总额	财政性教育经费	社会捐赠收入	事业收入	事业收入：学杂费收入	其他经费
1997	100	78.30	1.50		14.83	5.37
1998	100	64.94	2.09		13.31	19.66
1999	100	62.53	2.28		17.04	18.15
2000	100	58.16	1.66		21.09	19.09
2001	100	54.24	1.52		24.21	20.03
2002	100	50.55	1.87		26.26	21.32
2003	100	47.91	1.46		28.83	21.80
2004	100	45.54	1.01		30.41	23.04
2005	100	42.77	0.83		31.05	25.35
2007	100	43.98	0.75	46.74	33.66	8.53
2008	100	47.59	0.68	44.28	33.68	7.45
2009	100	48.75	0.56	43.46	33.16	7.23
2010	100	52.78	0.54	40.32	30.49	6.36
2011	100	58.48	0.63	34.88	26.34	6.01
2013	100	60.14	0.54	33.69	25.08	5.63
2014	100	60.46	0.47	33.92	23.28	5.15
2015	100	62.38	0.51	32.17	21.53	4.94

资料来源：本表数值系根据表 4.21 计算得到。

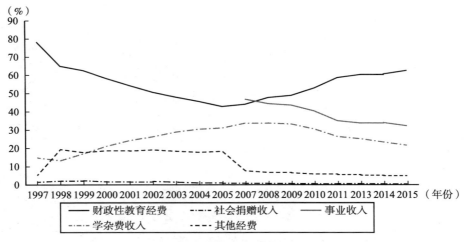

图 4.19　1997～2015 年普通高等学校教育经费来源结构

注：学杂费收入是包括在事业收入中的。

资料来源：Wind 金融终端数据库。

　　由表 4.21、表 4.22 和图 4.19 可得出如下两点结论：一是尽管不是义务教育阶段，但我国对高等教育历来采取财政性资金注入为主，以便保证国家对高等教育尽可能大的影响力，也可借助国家的力量，促进我国高等教育事业快速发展；二是财政性经费在普通高等学校教育经费中的比重与事业收入特别是学杂费收入比重呈现此消彼长关系，财政性经费占比呈现"高—低—高"演变轨迹，而学杂费比重则相应呈现"低—高—低"的基本走势。我们在编制天津"十三五"教育经费投入计划时，也需要考虑整个国家高等教育经费保障体系的演变特点，突出国家财政对高校资金供给的主渠道地位。

六、五省市教育经费主要来源结构分析

　　前面我们分析了全国各个主要教育阶段经费来源结构的基本情况。为了更加准确地编制天津"十三五"教育投入计划，我们需要将五省市（北京、上海、重庆、河北、天津）教育经费来源情况进行简要分析，以便为天津教育投入计划的编制提供更加详细的思考依据。

（一）北京教育经费来源结构分析

　　北京 2002～2015 年教育经费来源状况如表 4.23、表 4.24 和图 4.20 所示。

总体上看，北京教育经费来源结构经历了财政性教育投入比重逐步升高的过程，由 2002 年的不到 2/3 上升到接近 90%。

表 4.23　　　　　　　　**2002~2015 年北京教育经费来源**　　　　　　单位：亿元

年份	教育经费总额	财政性教育经费	预算内教育经费	民办学校教育经费	社会捐赠收入	事业收入	事业收入：学杂费收入	其他经费
2002	353.87	219.44	201.74	3.46	10.38		38.65	81.94
2003	392.88	252.34	231.96	6.24	5.22		46.82	82.26
2004	449.26	298.35	276.90	3.77	6.01		55.62	85.51
2005	522.72	335.76	310.26	10.51	7.15		59.71	109.59
2006	337.43	254.23	230.30	16.90	4.73	50.01	25.74	11.56
2007	407.73	317.61	293.51	0.86	3.51	68.91	44.97	16.84
2008	469.02	383.32	351.84	1.34	4.26	67.77	47.43	12.33
2009	528.94	433.27	400.62	0.52	5.37	75.72	50.36	14.06
2010	613.44	513.66	469.32	0.65	4.84	80.80	57.90	13.49
2011	737.38	627.73	557.73	0.29	4.26	85.15	62.24	19.95
2013	999.84	894.19	724.88	0.34	0.86	85.53	74.82	18.92
2014	1093.74	968.37	758.50	1.05	1.04	104.90	83.38	18.38
2015	1117.12	981.08	847.43	1.07	0.96	117.71	92.58	16.30

注：预算内教育经费包含在财政性教育经费中；学杂费收入包含在事业费收入中。
资料来源：Wind 金融终端数据库。

表 4.24　　　　　　　　**2002~2015 年北京教育经费来源结构**　　　　　　单位：%

年份	教育经费总额	财政性教育经费	预算内教育经费	民办学校教育经费	社会捐赠收入	事业收入	事业收入：学杂费收入	其他经费
2002	100	62.01	57.01	0.98	2.93	0.00	10.92	23.16
2003	100	64.23	59.04	1.59	1.33	0.00	11.92	20.93
2004	100	66.41	61.63	0.84	1.34	0.00	12.38	19.03
2005	100	64.23	59.35	2.01	1.37	0.00	11.42	20.97
2006	100	75.34	68.25	5.01	1.40	14.82	7.63	3.43
2007	100	77.90	71.99	0.21	0.86	16.90	11.03	4.13

续表

年份	教育经费总额	财政性教育经费	预算内教育经费	民办学校教育经费	社会捐赠收入	事业收入	事业收入：学杂费收入	其他经费
2008	100	81.73	75.02	0.29	0.91	14.45	10.11	2.62
2009	100	81.91	75.74	0.10	1.02	14.32	9.52	2.65
2010	100	83.73	76.51	0.11	0.79	13.17	9.44	2.20
2011	100	85.13	75.64	0.04	0.58	11.55	8.44	2.70
2013	100	89.43	72.5	0.03	0.09	8.55	7.48	1.90
2014	100	88.54	69.35	0.10	0.10	9.59	7.62	1.67
2015	100	87.82	75.86	0.10	0.09	10.54	8.29	1.45

资料来源：本表数值系根据表4.23计算得到。

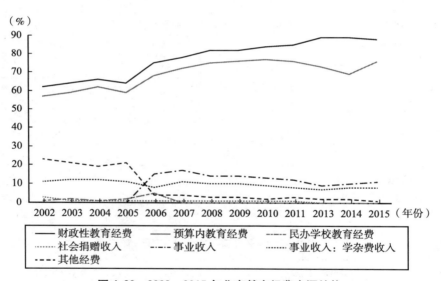

图4.20 2002~2015年北京教育经费来源结构

注：预算内教育经费包含在财政性教育经费中；学杂费收入包含在事业费收入中。

资料来源：Wind金融终端数据库。

（二）上海教育经费来源结构分析

上海2002~2015年教育经费来源结构如表4.25、表4.26和图4.21所示，这些表和图中的数据演变轨迹清楚地显示了上海教育经费来源结构的基本特征。

尽管财政性投入比重稍逊于北京，但其绝对的主体地位是无可撼动的。

表 4.25　　　　　　　2002～2015 年上海教育经费来源　　　　单位：亿元

年份	教育经费总额	财政性教育经费	预算内教育经费	民办学校教育经费	社会捐赠收入	事业收入	事业收入:学杂费收入	其他经费
2002	273.97	174.07	152.83	10.26	5.69		39.56	44.39
2003	307.02	192.57	169.03	13.16	4.91		50.21	46.17
2004	383.27	228.59	199.24	25.61	5.35		63.28	60.44
2005	422.95	275.07	235.17	19.20	2.11		72.90	53.67
2006	370.73	264.91	227.03	23.98	0.45	59.74	46.12	21.65
2007	431.83	326.14	289.49	0.35	0.79	80.93	60.88	23.62
2008	482.30	367.41	319.84	0.48	1.28	83.54	68.82	29.59
2009	493.73	382.53	339.53	0.46	0.94	82.46	68.83	27.34
2010	558.27	440.74	393.50	0.76	0.95	90.14	73.66	25.68
2011	710.63	584.44	479.52	0.52	0.63	100.61	82.10	24.43
2013	906.97	764.05	615.20	0.07	0.63	114.15	95.05	28.07
2014	989.22	796.53	674.36	0.23	1.04	129.17	102.13	62.25
2015	1013.11	826.42	739.52	0.57	1.24	136.93	108.65	47.95

注：预算内教育经费包含在财政性教育经费中；学杂费收入包含在事业费收入中。

资料来源：Wind 金融终端数据库。

表 4.26　　　　　　　2002～2015 年上海教育经费来源结构　　　　单位：%

年份	教育经费总额	财政性教育经费	预算内教育经费	民办学校教育经费	社会捐赠收入	事业收入	事业收入:学杂费收入	其他经费
2002	100	63.54	55.78	3.74	2.08	0.00	14.44	16.20
2003	100	62.72	55.06	4.29	1.60	0.00	16.35	15.04
2004	100	59.64	51.98	6.68	1.40	0.00	16.51	15.77
2005	100	65.04	55.60	4.54	0.50	0.00	17.24	12.68
2006	100	71.46	61.24	6.47	0.12	16.11	12.44	5.84
2007	100	75.53	67.04	0.08	0.18	18.74	14.10	5.47
2008	100	76.18	66.32	0.10	0.27	17.32	14.27	6.13

年份	教育经费总额	财政性教育经费	预算内教育经费	民办学校教育经费	社会捐赠收入	事业收入	事业收入：学杂费收入	其他经费
2009	100	77.48	68.77	0.09	0.19	16.70	13.94	5.54
2010	100	78.95	70.49	0.14	0.17	16.15	13.19	4.59
2011	100	82.24	67.48	0.07	0.09	14.16	11.55	3.44
2013	100	84.24	67.83	0.01	0.07	12.59	10.48	3.09
2014	100	80.52	68.17	0.02	0.11	13.06	10.32	6.29
2015	100	81.57	73.00	0.06	0.12	13.52	10.72	4.73

资料来源：本表数值系根据表4.25 计算得到。

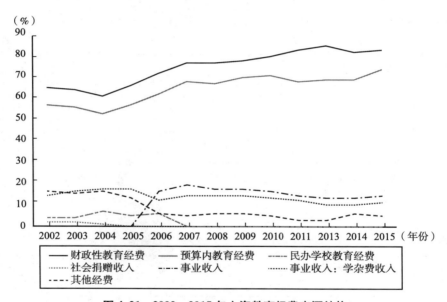

图4.21　2002～2015 年上海教育经费来源结构

注：预算内教育经费包含在财政性教育经费中；学杂费收入包含在事业费收入中。
资料来源：Wind 金融终端数据库。

（三）重庆教育经费来源结构分析

重庆2002～2015 年教育经费来源结构如表4.27、表4.28 和图4.22 所示，我们可以从这些表和图中的数据演变轨迹比较清楚地显示了重庆教育经费来源结构的基本特征，财政性教育投入比重也攀升至超过 80% 的高位，学杂费收入比重尽管比北京和上海稍高，但也只有 13 个百分点左右。

表 4.27　　　　　　　　　　2002~2015 年重庆教育经费来源　　　　　　单位：亿元

年份	教育经费总额	财政性教育经费	预算内教育经费	民办学校教育经费	社会捐赠收入	事业收入	事业收入：学杂费收入	其他经费
2002	106.65	64.50	59.32	1.91	3.56		16.16	20.52
2003	120.78	69.53	63.90	3.44	5.31		18.55	23.95
2004	143.44	82.68	75.14	2.95	5.04		23.32	29.45
2005	173.10	95.65	88.53	3.56	5.70		32.50	35.69
2006	168.16	107.71	99.30	3.98	4.30	42.96	24.25	9.21
2007	230.97	147.18	139.70	0.77	5.00	54.08	35.27	23.94
2008	266.26	181.37	171.41	1.32	5.41	61.23	41.61	16.93
2009	331.00	232.45	219.55	5.04	3.30	67.30	46.33	22.91
2010	406.84	289.32	268.71	6.14	4.21	84.19	58.71	22.98
2011	503.95	383.21	359.09	2.45	4.51	92.67	67.93	21.11
2013	656.56	522.80	444.20	3.21	1.77	108.82	85.28	19.96
2014	698.00	553.89	447.14	2.77	2.45	121.70	94.81	17.19
2015	797.10	640.10	519.92	6.71	1.31	134.59	102.87	14.39

注：预算内教育经费包含在财政性教育经费中；学杂费收入包含在事业费收入中。
资料来源：Wind 金融终端数据库。

表 4.28　　　　　　　　　　2002~2015 年重庆教育经费来源结构　　　　　　单位：%

年份	教育经费总额	财政性教育经费	预算内教育经费	民办学校教育经费	社会捐赠收入	事业收入	事业收入：学杂费收入	其他经费
2002	100	60.48	55.62	1.79	3.34	0.00	15.15	19.24
2003	100	57.57	52.91	2.85	4.40	0.00	15.36	19.82
2004	100	57.64	52.38	2.06	3.51	0.00	16.26	20.53
2005	100	55.26	51.14	2.06	3.29	0.00	18.78	20.61
2006	100	64.05	59.05	2.37	2.56	25.55	14.42	5.47
2007	100	63.72	60.48	0.33	2.16	23.41	15.27	10.38

年份	教育经费总额	财政性教育经费	预算内教育经费	民办学校教育经费	社会捐赠收入	事业收入	事业收入：学杂费收入	其他经费
2008	100	68.12	64.38	0.50	2.03	23.00	15.63	6.35
2009	100	70.23	66.33	1.52	1.00	20.33	14.00	6.92
2010	100	71.11	66.05	1.51	1.03	20.69	14.43	5.66
2011	100	76.04	71.26	0.49	0.89	18.39	13.48	4.19
2013	100	79.63	67.66	0.49	0.27	16.57	12.99	3.04
2014	100	79.35	64.06	0.40	0.35	17.44	13.58	2.46
2015	100	80.30	65.23	0.84	0.16	16.88	12.91	1.82

资料来源：本表数值系根据表4.27计算得到。

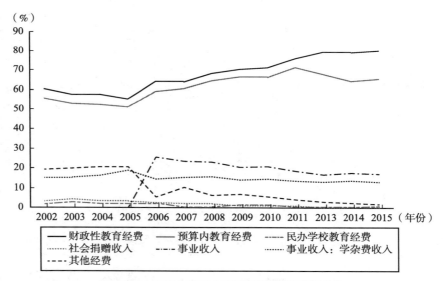

图 4.22　2002～2015 年重庆教育经费来源结构

注：预算内教育经费包含在财政性教育经费中；学杂费收入包含在事业费收入中。
资料来源：Wind 金融终端数据库。

（四）河北教育经费来源结构分析

表 4.29、表 4.30 和图 4.23 是对河北十多年间的教育经费来源状况进行清晰的描述。

表 4.29 　　　　　　　　**2002～2015 年河北教育经费来源** 　　　　单位：亿元

年份	教育经费总额	财政性教育经费	预算内教育经费	民办学校教育经费	社会捐赠收入	事业收入	事业收入：学杂费收入	其他经费
2002	210.10	137.39	124.31	6.24	2.76		44.25	19.46
2003	232.00	148.15	135.00	7.79	2.62		50.48	22.96
2004	270.09	175.48	161.12	8.51	2.12		62.84	21.14
2005	324.94	212.69	195.01	9.82	1.81		70.31	30.31
2006	355.44	237.28	216.63	18.21	2.21	90.46	72.52	7.28
2007	440.37	310.36	284.12	3.15	1.35	111.01	85.74	14.50
2008	558.49	417.13	382.99	1.06	0.50	119.68	95.99	20.12
2009	614.53	469.21	434.58	2.95	0.95	125.07	103.07	16.35
2010	719.27	564.75	517.80	1.46	0.83	142.27	121.11	9.96
2011	844.79	684.46	610.64	2.21	0.64	148.46	130.30	9.02
2013	1029.81	852.40	752.53	5.03	0.66	160.60	138.60	11.12
2014	1086.17	892.66	802.31	4.09	1.21	179.65	151.75	8.56
2015	1286.16	1073.30	1001.07	2.98	0.61	194.10	158.19	15.17

注：预算内教育经费包含在财政性教育经费中；学杂费收入包含在事业费收入中。
资料来源：Wind 金融终端数据库。

表 4.30 　　　　　　　　**2002～2015 年河北教育经费来源结构** 　　　　单位：%

年份	教育经费总额	财政性教育经费	预算内教育经费	民办学校教育经费	社会捐赠收入	事业收入	事业收入：学杂费收入	其他经费
2002	100	65.39	59.17	2.97	1.31	0.00	21.06	9.27
2003	100	63.86	58.19	3.36	1.13	0.00	21.76	9.89
2004	100	64.97	59.65	3.15	0.78	0.00	23.27	7.83
2005	100	65.46	60.01	3.02	0.56	0.00	21.64	9.32
2006	100	66.76	60.95	5.12	0.62	25.45	20.40	2.05
2007	100	70.48	64.52	0.72	0.31	25.21	19.47	3.28
2008	100	74.69	68.58	0.19	0.09	21.43	17.19	3.60
2009	100	76.35	70.72	0.48	0.15	20.35	16.77	2.67
2010	100	78.52	71.99	0.20	0.12	19.78	16.84	1.38

续表

年份	教育经费总额	财政性教育经费	预算内教育经费	民办学校教育经费	社会捐赠收入	事业收入	事业收入：学杂费收入	其他经费
2011	100	81.02	72.28	0.26	0.08	17.57	15.42	1.07
2013	100	82.77	73.07	0.49	0.06	15.60	13.46	1.08
2014	100	82.18	73.87	0.38	0.11	16.54	13.97	0.79
2015	100	83.45	77.83	0.23	0.05	15.09	12.30	1.18

资料来源：本表数值系根据表4.29计算得到。

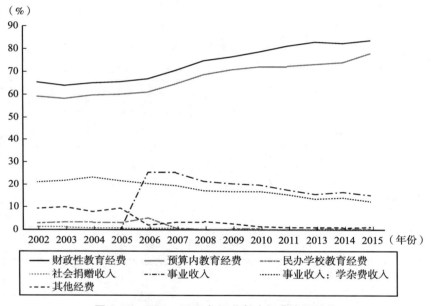

图4.23 2002~2015年河北教育经费来源结构

注：预算内教育经费包含在财政性教育经费中；学杂费收入包含在事业费收入中。
资料来源：Wind金融终端数据库。

（五）天津教育经费来源结构分析

天津2002~2015年教育经费来源结构状况如表4.31、表4.32和图4.24所示。总体上看，天津该时期财政性投入比重与北京大体类似。了解了这些历史资料，可以为我们比较准确地编制"十三五"期间的财政投入方案提供很好的历史参考。

表 4.31　　　　　　　　　　**2002～2015 年天津教育经费来源**　　　　　　　单位：亿元

年份	教育经费总额	财政性教育经费	预算内教育经费	民办学校教育经费	社会捐赠收入	事业收入	事业收入：学杂费收入	其他经费
2002	97.57	59.66	53.10	5.27	0.42		12.78	19.44
2003	111.86	69.12	60.43	4.77	0.21		17.47	20.29
2004	123.97	78.18	70.08	5.48	0.37		20.02	19.92
2005	147.99	89.57	81.16	5.85	0.52		24.52	27.53
2006	142.90	96.93	87.40	3.85	0.14	37.97	19.98	4.01
2007	165.71	114.89	105.07	0.06	0.31	44.84	26.50	5.61
2008	206.08	149.37	137.16	0.31	1.13	48.65	35.33	6.62
2009	238.17	180.39	167.78	0.38	0.72	50.60	35.97	6.08
2010	292.10	227.08	210.38	0.12	0.62	55.31	36.41	8.97
2011	413.61	338.92	292.06	0.02	0.55	59.41	43.63	14.71
2013	569.96	498.60	431.11	0.08	0.76	63.24	52.90	7.28
2014	632.63	553.28	517.01	0.29	0.49	70.10	56.29	8.47
2015	560.57	477.51	464.23	0.26	0.32	72.01	58.69	10.47

注：预算内教育经费包含在财政性教育经费中；学杂费收入包含在事业费收入中。
资料来源：Wind 金融终端数据库。

表 4.32　　　　　　　　　　**2002～2015 年天津教育经费来源结构**　　　　　　单位：%

年份	教育经费总额	财政性教育经费	预算内教育经费	民办学校教育经费	社会捐赠收入	事业收入	事业收入：学杂费收入	其他经费
2002	100	61.15	54.42	5.40	0.43	0.00	13.10	19.92
2003	100	61.79	54.02	4.26	0.19	0.00	15.62	18.14
2004	100	63.06	56.53	4.42	0.30	0.00	16.15	16.07
2005	100	60.52	54.84	3.95	0.35	0.00	16.57	18.61
2006	100	67.83	61.16	2.69	0.10	26.57	13.98	2.81
2007	100	69.33	63.41	0.04	0.19	27.06	15.99	3.38
2008	100	72.48	66.56	0.15	0.55	23.61	17.14	3.21
2009	100	75.74	70.45	0.16	0.30	21.25	15.10	2.55
2010	100	77.74	72.02	0.04	0.21	18.94	12.46	3.07

续表

年份	教育经费总额	财政性教育经费	预算内教育经费	民办学校教育经费	社会捐赠收入	事业收入	事业收入：学杂费收入	其他经费
2011	100	81.94	70.61	0.01	0.13	14.36	10.55	3.56
2013	100	87.48	75.64	0.01	0.13	11.10	9.28	1.28
2014	100	87.46	81.72	0.05	0.08	11.08	8.90	1.33
2015	100	85.18	82.81	0.05	0.06	12.85	10.47	1.86

资料来源：本表数值系根据表4.31计算得到。

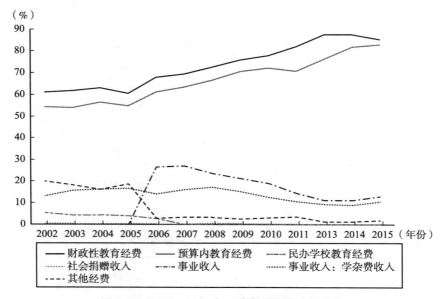

图4.24　2002～2015年天津教育经费来源结构

注：预算内教育经费包含在财政性教育经费中；学杂费收入包含在事业费收入中。
资料来源：Wind金融终端数据库。

伴随着我国义务教育阶段收取学杂费的行为基本终止，相应地该项来源占比大幅度下滑，又兼民办学校教育投入比重相对萎缩，最终使得五省市财政性教育经费投入比重大幅度攀升，"十二五"时期财政经费投入比重基本都在80%以上，其中绝大部分又是财政预算内经费投入，政府投入已经成为教育发展的主要支撑。当然，这只是指正常的学校教育投入，不包括教育机构在补课、培训等正常教学活动之外获得的市场性教育经费投入。我们在测算天津

"十三五"时期教育投入时必须注意区分教育投入的两种口径，免得与实际情况相悖被与民众感受不符。

七、全国及五省市义务教育、高等教育投入结构分析

根据我国相关法律规定，我国实行九年制义务教育，小学到初中阶段免除学杂费，并对家庭困难学生住宿费、生活费进行一定补贴。至于学前教育和高中阶段教育的成本补偿方式各地有所不同，一些经济发达地区已经与义务教育阶段大体相同，财政投入已经成为这些阶段教育成本补偿的主渠道了。高等教育阶段作为法定的非义务教育阶段，从道理上讲应该将教育成本补偿责任全部加到受教育者身上，通过市场收费弥补教育成本，当前的三本院校的收费标准可以作为市场收费标准比较准确的参照。但是，由于我国改革前期和改革前的较长时间内，高等教育一直享受着"义务教育"的待遇，高等教育接受者不只是免交学费，甚至还享受在原单位工资照领、国家发放收入补贴等"逆交费"，还有改革开放后巨大的国内外科技教育上的差距、高考分数面前人人平等与家庭经济状况的高低悬殊等因素，我国高等教育的公共品或准公共品身份就一直被保留下，财政投入一直是高等教育成本补偿的重要渠道。只是伴随着经济发展和人民生活水平的提高，特别是高等教育并不具备像其他义务教育阶段那样的国家供给能力比较充分，在很长时间内，享受高等教育者依然是该年龄段人口的较小比重，因此，国家也赋予高等教育一定的市场属性，收取一定学费。改革开放后，我国高等教育经费来源中财政投入比重走过了"高—低—高"的"V"形轨迹。本部分将对全国及五省市义务教育和高等教育两个阶段的投入状况进行详细分析。

（一）义务教育总投入占 GDP 的比重情况比较

全国、北京、天津、河北、上海、重庆 2002～2015 年义务教育经费总投入占 GDP 比重的基本情况如表 4.33 所示，图 4.25 表示这一基本情况的折线趋势图。表中数据和图形轨迹告诉我们，六个参照对象的义务教育总投入在GDP 中占比有较大差距，而且这种差距的基本走向是逆发展水平的，也就是

说，经济发展水平越高的对象，该比重越低，反之亦然。

表 4.33   2002~2015 年全国及五省市义务教育经费总投入占 GDP 的比重   单位：%

年份	全国	北京	上海	重庆	河北	天津
2002	1.79	1.44	1.31	2.20	1.67	1.21
2003	1.74	1.39	1.24	2.10	1.52	1.14
2004	1.67	1.28	1.18	2.29	1.47	1.03
2005	1.65	1.18	1.16	2.48	1.51	1.02
2006	1.54	1.22	1.10	2.26	1.45	0.96
2007	1.85	1.40	1.12	2.73	1.56	1.01
2008	1.90	1.37	1.13	2.73	1.71	1.04
2009	2.06	1.46	1.18	3.27	1.81	1.22
2010	2.01	1.56	1.18	2.93	1.80	1.24
2011	2.10	1.73	1.31	3.04	1.76	1.26
2013	2.52	2.23	1.54	2.73	2.08	1.47
2014	2.70	2.57	1.68	2.98	2.20	1.64
2015	2.31	1.94	1.39	2.51	2.23	1.19

资料来源：根据《中国教育经费统计年鉴 2016》、教育部网站"教育经费"项目、Wind 金融终端数据库相关资料测算。

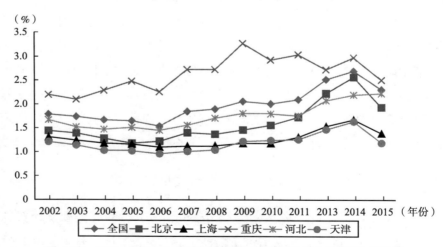

图 4.25   2002~2015 年全国及五省市义务教育总投入占 GDP 的比重

资料来源：根据《中国教育经费统计年鉴 2016》、教育部网站"教育经费"项目、Wind 金融终端数据库相关资料测算。

由表 4.33 和图 4.25 可以看出，全国义务教育总投入占 GDP 比重的整体情况保持稳中有升的态势，其中最高值为 2014 年的 2.7%，最低年份为 2006 年的 1.54%。北京、上海、河北和天津均保持了增长态势，重庆义务教育总投入占 GDP 的比重总体上存在一定的波动性，在 2009 年达到最高值，为 3.27%。天津义务教育总投入占 GDP 的比重，相较于其他各省市，明显水平较低，平均值为 1.19%，低于全国水平，也低于其他各省市的平均水平。除重庆以外，北京、上海、河北和天津的义务教育总投入占 GDP 的比重均小于全国平均水平。

义务教育总投入的主要影响因子是适龄儿童人数、生均投入规模和经济规模。地区义务教育投入水平主要与这三个因素相关。天津义务教育经费总投入占 GDP 比重的平均水平低于其他五个对比对象的平均水平，其中，低于全国 0.69 个百分点，低于北京 0.38 个的百分点，低于上海 0.07 个百分点，低于河北 0.52 个百分点。天津应加大义务教育总投入，力争达到北京、全国、甚至重庆的平均水平。

上述关于五个省市义务教育总投入与经济发展水平之间的比重总体上处于较低水平，其中重要原因是很多年份财政对义务教育的投入一直没能达到十年教育规划要求的 4%。而且五省市义务教育投入水平之间的差异折射出以下看似浅显但十分重要的问题：一国或一地的经济发展水平抑或总财源建设水平固然会对其财政收入状况产生重要甚至是决定作用，但与其对教育，包括义务教育财政投入水平并不完全成正比。经济发展水平较高的国家或地区并不会必然安排较高的教育包括义务教育财政投入水平，经济发展水平较低的国家或地区也不必然安排较低的教育或义务教育财政投入水平。财政分配决策者对教育，包括义务教育在经费安排中的排序或称优先程度是决定财政投入水平的首要因素。2004 年联合国特别调查员曾对我国教育财政投入水平给予过十分令人汗颜的评价："在保证教育权利方面，贵国连非洲的乌干达都不如"。殊不知，2004 年非洲乌干达人均 GDP 只有 288 美元，我国当年人均 GDP 达到 1500 美元，前者尚不及我国的 1/5，但是当年乌干达公共教育投入占 GDP 比重达到将近 5%，而我国只有 2.88%[①]。我国 2012 年将教育财政投入比重提高至 4% 以

---

① 资料来源：国家统计局网站，以及 Wind 金融终端数据库。

上，并不是该年财政实力已经"宽裕"到足以兑现早在上一个教育十年规划中就应该达到的投入水平，而是人们已经意识到必须将教育摆在更高一层的财政保障位置上。上述有关经济发展与教育投入的关系不仅涵盖义务教育阶段，还包括下面其他教育阶段。当然，作为规律，经济发展水平终归会决定公共教育投入比例的，"瓦格纳效应"肯定将最终体现出来，但其实现过程以及做成图形后的"曲线斜率"将大有区别。

（二）普通高等教育经费总投入占 GDP 的比重情况比较

全国、北京、天津、河北、上海、重庆 2002～2015 年普通高等学校教育总投入占 GDP 比重的基本情况如表 4.34 所示。图 4.26 表示这一基本情况的折线趋势图。

表 4.34　　　2002～2015 年普通高等院校教育经费总投入占 GDP 的比重　　单位：%

年份	全国	北京	上海	重庆	河北	天津
2002	1.22	4.69	1.82	1.68	0.71	1.75
2003	1.28	4.28	1.84	1.75	0.73	1.61
2004	1.32	4.09	1.90	1.68	0.74	1.52
2005	1.36	3.88	1.82	1.59	0.73	1.59
2006	1.23	4.07	1.65	1.58	0.68	1.57
2007	1.34	4.05	1.82	2.11	0.77	1.57
2008	1.32	4.06	1.73	2.01	0.84	1.45
2009	1.33	4.13	1.74	1.66	0.81	1.39
2010	1.33	4.40	1.92	2.10	0.76	1.40
2011	1.41	4.62	2.15	2.17	0.75	1.73
2013	1.52	4.71	2.09	2.20	0.80	1.77
2014	1.55	4.83	2.11	2.21	0.88	1.79
2015	1.36	4.50	2.26	1.48	0.88	1.43

资料来源：根据《中国教育经费统计年鉴2016》、国家统计局网站"教育经费"项目、Wind 金融终端数据库相关资料测算。

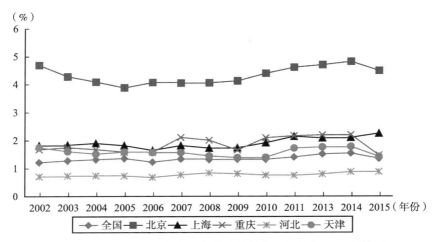

图 4.26　2002~2015 年普通高等院校教育总投入占 GDP 的比重

资料来源：根据《中国教育经费统计年鉴 2016》、国家统计局网站"教育经费"项目、Wind 金融终端数据库相关资料测算。

从表 4.34 及图 4.26 可以看出，全国普通高等学校教育总投入占 GDP 的比重，总体保持稳中向上的增长态势，最高值为 2014 年的 1.55%，最低值为 2002 年的 1.22%，均值为 1.35%。北京普通高等学校教育投入占 GDP 的比重，一直处于最高水平，最高值为 2014 年，达到了 4.83%，最低值为 2005 年的 3.88%，平均值为 4.32%。上海的普通高等院校总投入占 GDP 的比重最大值为 2011 年的 2.15%，最低值为 2006 年的 1.65%，均值为 1.88%。重庆的普通高等院校总投入占 GDP 的比重最大值为 2014 年的 2.21%，最低值为 2006 年的 1.58%，均值为 1.90%。河北的普通高等院校总投入占 GDP 的比重较低，最大值为 2014 年的 0.88%，最低值为 2006 年的 0.68%，均值为 0.77%。天津的普通高等院校总投入占 GDP 的比重呈现先降低后上升的趋势，最大值为 2014 年的 1.79%，最低值为 2009 年的 1.39%，均值为 1.60%。总体上讲，北京的高等教育总投入占 GDP 的比重最高，河北的比例最低，且低于全国平均水平。天津的比例略高于全国平均水平，但低于北京、上海和重庆的平均水平。

影响高等教育总投入占 GDP 比例的主要因素有三，高等教育规模、生均投入水平和经济规模，与前两个因素成正比，与经济规模成反比。北京高等教育投入比重可以维持在全国最高水平，甚至比其他参照对象的比重高出 1 倍以上，主要原因肯定是高等教育规模远在其他参照对象之上，当然也有单位投入数额较高的因素在内。2014 年北京普通高校生均公共财政预算教育事业费 58548.41 元，分别比全国平均水平以及上海、重庆、河北、天津高出 264%、116%、346%、376% 和 214%，即使 2015 年北京生均公共财政预算教育事业费标准只增长了 4.77%，远低于全国平均水平的 12.67%，但依然比全国平均拨付标准高出 238%，也比天津同年拨款标准高出 200%①。因此，天津应在保持普通高等院校教育总投入稳定的基础上实现投入的稳态增长，争取天津高等教育经费投入水平与人均 GDP 水平和财政综合实力大体匹配。

（三）义务教育财政拨款占财政公共预算总支出的比重情况比较

全国、北京、天津、河北、上海、重庆 2002～2015 年义务教育财政拨款占财政公共预算总支出比重的基本情况，如表 4.35 所示。图 4.27 表示这一基本情况的折线趋势图。

表 4.35　　2002～2015 年义务教育财政拨款占财政公共预算总支出的比重　　单位：%

年份	全国	北京	上海	重庆	河北	天津
2002	8.04	7.66	7.19	10.80	14.36	5.02
2003	7.90	7.28	6.47	10.33	15.09	4.84
2004	7.96	6.91	5.97	10.67	16.11	4.67
2005	7.72	6.34	5.63	10.30	16.43	4.73
2006	7.79	6.15	5.87	10.84	14.93	4.13
2007	8.68	7.16	5.51	12.06	12.65	4.16
2008	8.70	6.98	5.39	10.99	13.49	4.41
2009	8.63	6.93	5.31	11.87	12.44	4.45
2010	8.15	6.92	5.11	10.03	11.65	4.33
2011	8.57	7.74	5.87	8.78	11.01	4.17

---

① 教育部网站，历年教育部、国家统计局、财政部关于全国教育经费执行情况统计公告。

续表

年份	全国	北京	上海	重庆	河北	天津
2013	8.88	7.96	5.98	9.12	11.89	4.28
2014	9.02	7.85	6.01	10.01	12.10	4.36
2015	7.88	7.30	5.02	9.91	11.22	5.90

资料来源：《中国教育经费统计年鉴 2016》、国家统计局网站、Wind 金融终端数据库。

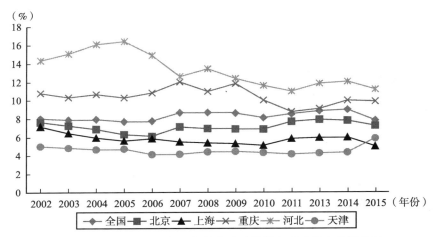

图 4.27　2002～2015 年义务教育财政拨款占财政总支出的比重

资料来源：《中国教育经费统计年鉴 2016》、国家统计局网站、Wind 金融终端数据库。

由表 4.35 和图 4.27 可以看出，全国义务教育财政拨款占财政公共预算总支出的比重在 2014 年达到最高水平，比重为 9.02%，最低的年份为 2005 年的 7.72%；北京义务教育财政拨款占财政总支出的比重最高为 2013 年的 7.96%，最低的年份为 2006 年的 6.15%；天津的情况是在十多年里均保持较低水平，最高为 2002 年的 5.02%，最低值为 2006 年的 4.13%，平均水平为 4.46%；河北义务教育财政拨款占财政总支出的比重维持在较高水平，但整体趋势趋于下降，在 2005 年达到最高，比重是 16.43%，最低的年份是 2011 年的 11.01%；上海义务教育财政拨款占财政总支出的比重的情况是最高年份为 2002 年，比重为 7.19%，而最低年份则为 2010 年的 5.11%；重庆义务教育财政拨款占财政总支出的比重较高，均能保持在 8.78% 以上，最高值为 2007 年的 12.06%，均值为 10.48%。

义务教育财政拨款占财政公共预算总支出比重的主要影响因素肯定是义务教育规模、生均拨款数额和财政支出规模，与前两个因素成正比，与后一个因素成反比。循着这条思路不难解释，为什么天津义务教育财政拨款占财政总支出比重的平均水平低于全国、北京、河北、上海和重庆的平均水平；其中，低于河北 9.05 个百分点，低于全国 3.88 个百分点，低于北京 2.7 个的百分点，低于上海 1.4 个百分点，低于重庆 6.02 个百分点。在义务教育规模和财政总支出难以控制的条件下，天津 2014 年普通小学和初中生均公共财政预算教育事业费为 17233.85 元和 26956.43 元，只为北京的 74%；2015 年天津两个义务教育阶段的生均公共财政预算教育事业费为 18128.16 元和 28208.67 元，相当于北京的 76% 和 70%①。如果说高等教育投入水平差距情有可原的话，教育质量标准相对整齐的义务教育阶段应该获得大体一致的投入水平。因此，天津应加大义务教育财政拨款，力争实现一个与天津直辖市地位、经济实力和财政实力相匹配的拨款水平值。

（四）普通高等教育财政拨款占财政公共预算总支出的比重情况比较

全国、北京、天津、河北、上海、重庆 2002~2015 年普通高等学校财政拨款占财政总支出比重的基本情况如表 4.36 所示。图 4.28 表示这一基本情况的折线趋势图。

表 4.36　　　2002~2015 年普通高等院校财政拨款占财政总支出的比重　　单位：%

年份	全国	北京	上海	重庆	河北	天津
2002	2.97	15.27	5.85	4.33	2.63	7.80
2003	2.97	14.42	5.38	4.35	2.96	6.99
2004	2.99	9.97	4.94	4.12	3.24	6.91
2005	2.86	12.16	4.98	3.74	2.80	6.60

① 资料来源：教育部网站，历年教育部、国家统计局、财政部关于全国教育经费执行情况统计公告。

续表

年份	全国	北京	上海	重庆	河北	天津
2006	2.80	12.94	4.83	3.65	2.85	6.42
2007	3.15	12.90	5.94	3.82	2.24	5.86
2008	3.13	13.45	5.39	3.82	2.50	5.63
2009	2.90	13.15	5.11	3.48	2.09	4.89
2010	3.03	14.09	6.48	3.23	2.21	5.36
2011	3.48	12.83	6.99	3.33	2.45	7.07
2013	2.72	11.80	6.14	3.27	3.06	5.15
2014	2.81	11.21	4.98	2.96	2.76	4.44
2015	2.75	14.43	5.02	3.27	2.68	4.55

资料来源：《中国教育经费统计年鉴2016》、国家统计局网站、Wind金融终端数据库。

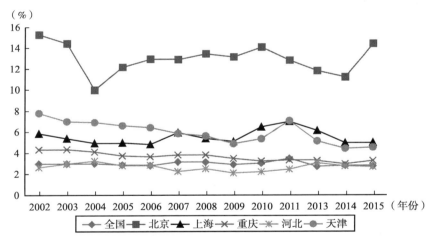

图4.28　2002～2015年全国及五省市普通高等院校财政拨款占财政总支出的比重

资料来源：《中国教育经费统计年鉴2016》、国家统计局网站、Wind金融终端数据库。

从表4.36及图4.28可以看出，全国普通高等学校财政拨款占财政公共预算总支出的比重整体趋势比较稳定，始终维持在2.98%左右，在2011年达到最高，比重为3.48%，最低的年份为2013年的2.72%；北京普通高等院校财政拨款占财政总支出的比重相比全国及其他省市保持在较高水平，但是波动明显，最高为 2002 年的 15.27%，在 2004 年下降到最低的 9.97%，随后又有所上升，到 2010 年达到 14.09%，到 2014 年又下降到 11.21%；天津的情况是从 2002 年的 7.80% 一路下降到 2009 年的 4.89%，到 2011 年又上升为 7.07%，随后又下降至 2014 年的 4.44%；上海普通高等院校财政拨款占财政总支出的比重在十多年里稳中有升，在 2011 年达到最高的 6.99%，最低为 2006 年的 4.83%；河北和重庆普通高等院校财政拨款占财政总支出的比重变化趋势相似，河北保持在 2.65% 左右，重庆保持在 3.68% 左右。总体上讲，普通高等学校财政拨款占财政支出比重差距还是比较大的，北京一枝独秀，而天津虽然仅为北京比例的 1/2，但仍高于上海、重庆、河北和全国平均水平，其中河北低于全国平均水平。

普通高校财政拨款占财政公共预算总支出比重的影响因素主要是普通高校规模、生均财政拨款水平和财政支出规模，与前两个因素成正比，与后一个因素成反比。由此可以解释为什么天津普通高等学校财政拨款占财政总支出比重的平均水平低于北京的平均水平，高于全国、河北、上海和重庆的平均水平；其中，低于北京 6.76 个百分点，高于上海 0.51 个百分点，高于全国 3.11 个百分点。天津应在保持普通高等学校财政拨款稳定的基础上实现投入的稳态增长，力争达到北京的平均水平。

八、全国及五省市非义务教育阶段学杂费及其与居民收入比较

任何国家都不可能将所有教育阶段都作为义务教育来向国民免费提供。毫无疑问，非义务教育阶段的资金投入必然有一部分要直接向市场收取，也就是说要通过收取学杂费来弥补一部分的投入成本，我国也不例外。2014 年我国教育机构收取学杂费收入总额为 4053 亿元，占当年教育投入总额 32806 亿元的 12.4%。2015 年该比重继续维持在 12% 左右。尽管相对于 2007 年的 18% 和 2002 年的 17% 来说，当前的学杂费占比还是有明显下降的，但绝对额也还是大幅上升的，由 2002 年 923 亿元增加到 2014 年的 4053 亿元，以及 2016 年的 4771 亿元[①]。当然，收取学杂费的行为主要发生在法定之非义务教育阶段的

---

① 资料来源：Wind 金融终端数据库。

高中和高等教育阶段。本部分将对这全国及五省市在这两个教育阶段学杂费收取情况及与各自居民收入之比进行分析，以便比较准确地描述居民承受的教育市场化的投入负担。

（一）普通高中学杂费情况比较

从分地区普通高中学杂费的基本情况来看，全国、北京、天津、河北、上海、重庆2002~2015年普通高中的学生数、生均学杂费、生均学杂费年增长率情况如表4.37~表4.42所示。

表4.37　　　　2002~2015年全国普通高中学杂费收取基本情况

年份	学生数（万人）	学杂费（万元）	生均学杂费（元）	每年增长率（%）
2002	1683.81	1292525.2	767.62	—
2003	1964.80	1652728.7	841.17	9.58
2004	2220.37	1994355.9	898.21	6.78
2005	2409.09	2394945.9	994.13	10.68
2006	2514.50	2535451.1	1008.33	1.43
2007	2522.40	3709708.0	1470.71	45.86
2008	2476.28	3926918.9	1585.81	7.83
2009	2434.28	4071947.5	1672.75	5.48
2010	2427.34	4357490.9	1795.17	7.32
2011	2454.82	4546107.6	1851.91	3.16
2013	2435.91	4727607.5	1940.80	4.80
2014	2400.53	5093921.3	2122.00	9.34
2015	2374.4	4565532.2	1922.82	-9.39

资料来源：《中国教育经费统计年鉴2016》，Wind金融终端数据库。

从表4.37中可以看出，全国普通高中生均学杂费从2002年的767.62元增长为2015年的1922.82元，年均增长7.32%，其中2015年比上年下降了9.39%，其他年份在2007年增长比较明显，增幅高达45.86%，其他年份增幅较为平稳。学杂费总额则从2002~2015年，增长了2.5倍，年均增长10%。

从表4.38中可以看出，北京普通高中生均学杂费从2002年的915.70元增长为2015年的7061.55元，年均递增17%，其中在2006年、2010年、2011年、2015年曾经出现过下降记录，分别下降10.62%、32.86%、2.68%和4.5%，在2007年、2008年、2013年和2014年增长比较明显，分别增长63.77%、80.08%、57.59%和72.05%。

表4.38　　　　　　　2002～2015年北京普通高中学杂费收取基本情况

年份	学生数（万人）	学杂费（万元）	生均学杂费（元）	每年增长率（%）
2002	22.07	20209.5	915.70	—
2003	25.10	23057.4	918.62	0.32
2004	27.48	28590.5	1040.41	13.26
2005	27.84	33674.2	1209.56	16.26
2006	25.94	28044.8	1081.14	−10.62
2007	24.38	43166.8	1770.58	63.77
2008	21.92	69892.9	3188.54	80.08
2009	20.35	85191.2	4186.30	31.29
2010	19.84	55767.7	2810.87	−32.86
2011	19.51	53372.9	2735.67	−2.68
2013	18.75	80833.9	4311.14	57.59
2014	17.75	131660.4	7417.48	72.05
2015	16.94	119622.7	7061.55	−4.50

资料来源：《中国教育经费统计年鉴2016》，Wind金融终端数据库。

从表4.39中可以看出，天津普通高中生均学杂费从2002年的417.97元增长为2015年的2435.21元，年均增长14.52%，其中在2009年、2013年、2015年出现了下降趋势，分别下降9.67%、2.95%和22.85%，其他年份均是上升趋势，在2003年、2007年增长比较明显，分别增长93.99%、73.09%。

表 4.39　　　　　　　**2002～2015 年天津普通高中学杂费收取基本情况**

年份	学生数（万人）	学杂费（万元）	生均学杂费（元）	每年增长率（%）
2002	15.79	6599.8	417.97	—
2003	18.25	14797.6	810.83	93.99
2004	19.85	17878.4	900.68	11.08
2005	21.72	19972.7	919.55	2.10
2006	21.63	20297.5	938.40	2.05
2007	20.93	33996.0	1624.27	73.09
2008	19.50	33560.1	1721.03	5.96
2009	18.76	29163.9	1554.58	−9.67
2010	18.52	35769.7	1931.41	24.24
2011	18.55	49752.9	2682.10	38.87
2013	17.51	45580.2	2603.10	−2.95
2014	16.96	53536.2	3156.62	21.26
2015	16.56	40327.0	2435.21	−22.85

资料来源：《中国教育经费统计年鉴 2016》，Wind 金融终端数据库。

从表 4.40 中可以看出，河北普通高中生均学杂费从 2002 年的 732.30 元增长为 2015 年的 1210.78 元，年均递增 3.93%，其中在 2003 年、2014 年、2015 年出现下降趋势，下降 0.77%、17.60% 和 13.53%，其他年份均是上升趋势，在 2007 年、2010 年增长比较明显，分别增长 22.98%、25.00%。

表 4.40　　　　　　　**2002～2015 年河北普通高中学杂费收取基本情况**

年份	学生数（万人）	学杂费（万元）	生均学杂费（元）	每年增长率（%）
2002	94.80	69422.4	732.30	—
2003	114.23	83009.7	726.69	−0.77
2004	129.39	99209.8	766.75	5.51
2005	139.11	111323.5	800.26	4.37
2006	143.81	117026.6	813.76	1.69
2007	140.86	140965.5	1000.75	22.98

续表

年份	学生数（万人）	学杂费（万元）	生均学杂费（元）	每年增长率（%）
2008	135.12	139349.4	1031.30	3.05
2009	130.87	151866.0	1160.43	12.52
2010	127.51	184955.9	1450.52	25.00
2011	123.32	192746.7	1562.98	7.75
2013	109.28	185719.2	1699.48	8.73
2014	110.41	154605.8	1400.29	−17.60
2015	115.79	140195.7	1210.78	−13.53

资料来源：《中国教育经费统计年鉴 2016》，Wind 金融终端数据库。

从表 4.41 中可以看出，上海普通高中生均学杂费从 2002 年的 2424.46 元增长到 2015 年的 8177.71 元，年均递增 9.8%，其中在 2009 年、2011 年和 2014 年出现下降趋势，分别下降 20.50%、0.09% 和 12.78%，其他年份均是上升趋势，在 2007 年、2008 年和 2013 年增长比较明显，分别增长 50.37%、41.13% 和 59.63%。

表 4.41　　　　2002～2015 年上海普通高中学杂费收取基本情况

年份	学生数（万人）	学杂费（万元）	生均学杂费（元）	每年增长率（%）
2002	27.41	66454.4	2424.46	—
2003	29.91	76233.4	2548.76	5.13
2004	31.38	83368.0	2656.72	4.24
2005	31.17	87273.3	2799.91	5.39
2006	27.17	77488.3	2851.98	1.86
2007	22.90	98205.8	4288.46	50.37
2008	19.26	116566.6	6052.26	41.13
2009	17.76	85449.2	4811.33	−20.50
2010	16.89	83521.2	4945.01	2.78
2011	16.11	79593.5	4940.63	−0.09
2013	15.68	123667.1	7886.93	59.63

年份	学生数（万人）	学杂费（万元）	生均学杂费（元）	每年增长率（%）
2014	15.74	108280.8	6879.34	−12.78
2015	15.82	129371.4	8177.71	18.87

资料来源：《中国教育经费统计年鉴2016》，Wind金融终端数据库。

从表4.42中可以看出，重庆普通高中生均学杂费从2002年的262.98元增长为2015年的1736.12元，年均递增15.62%，其中在2008年和2011年出现下降趋势，分别下降2.64%、5.08%，其他年份均是上升趋势，在2007年增长比较明显，增长60.28%。

表4.42　　　　2002~2015年重庆普通高中学杂费收取基本情况

年份	学生数（万人）	学杂费（万元）	生均学杂费（元）	每年增长率（%）
2002	33.40	8783.4	262.98	——
2003	40.79	11261.1	276.08	4.98
2004	45.27	16533.2	365.21	32.29
2005	48.14	24136.7	501.39	37.29
2006	50.61	34817.0	687.95	37.21
2007	51.77	57082.9	1102.63	60.28
2008	55.74	59839.0	1073.54	−2.64
2009	59.2	70250.6	1186.67	10.54
2010	62.64	81881.3	1307.17	10.16
2011	64.87	80490.5	1240.80	−5.08
2013	66.14	99160.6	1499.25	20.83
2014	64.79	101443.7	1565.73	4.43
2015	62.32	108194.8	1736.12	10.88

资料来源：《中国教育经费统计年鉴2016》，Wind金融终端数据库。

图4.29是全国和部分地区普通高中生均学杂费从2002~2015年的折线趋势图。

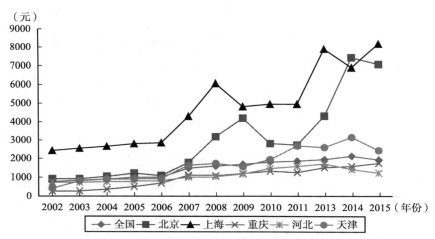

图 4.29　2002～2015 年全国及五省市普通高中生均学杂费情况比较

由图 4.29 中看出，从 2002～2015 年，全国及各地区普通高中学生均杂费整体呈现上升趋势，但就绝对水平看，京、津、沪三大直辖市 2015 年普通高中学杂费还是位居三甲，尤其是北京和上海两市，普通高中学杂费水平更是达到全国平均水平的 3.5 倍和 3.2 倍，天津也比全国平均水平高出近 50%，而河北高中学杂费水平只有全国水平的 66%。天津普通高中生均学杂费水平，低于上海、北京，但高于河北、重庆和全国，且整体呈上升趋势。图 4.30 是 2003～2015 年全国分地区普通高中生均学杂费年增长率柱状图。

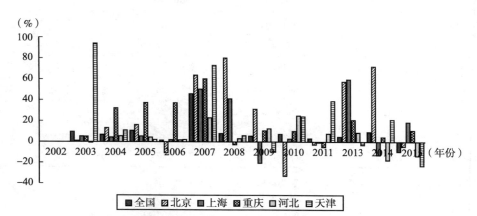

图 4.30　2002～2015 年全国及五省市普通高中生均学杂费年增长情况

由图4.30中看出，从2002～2015年，天津普通高中生均学杂费年增长率在2003年、2007年、2011年和2014年增幅较为明显，并且明显领先于其他地区，而在2009年出现下降趋势，在其他年份增幅较小。

由表4.43和图4.31中可以看出，从2002～2015年，天津普通高中生均学杂费年均增长率为14.52%，低于北京的17%和重庆的15.62%，高于全国的7.3%、河北的3.93%、上海的9.8%。鉴于普通高中学杂费规模受制于高中在校生规模和生均学杂费水平，因此可以很容易找寻出三者之间的互为因果的关系，也可以解释学杂费增长率的差异，当然其背后的更为深刻的因素是经济发展水平、人均收入水平、财政投入水平等。

表4.43　　　　2002～2015年全国及五省市普通高中生均学杂费年均增长情况

地区	全国	北京	上海	重庆	河北	天津
增长率（%）	7.30	17.00	9.80	15.62	3.93	14.52

资料来源：根据前面相关表格数据计算。

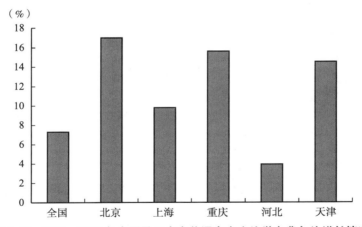

图4.31　2002～2015年全国及五省市普通高中生均学杂费年均增长情况

（二）普通高等学校学杂费情况比较

从全国及五省市普通高等学校学杂费收取的基本情况来看，全国、北京、天津、河北、上海、重庆2002～2015年的普通高等院校的学生数、生均学杂费、生均学杂费年增长率情况如表 4.44 ~ 表 4.49 所示。就学杂费收入在总投入中占比来看，2015 年和 2016 年全国普通高等教育学杂费收入占比均达到 23.3%，而普通高中学杂费收入占总投入比重只有 15.2% 和 12.5%[①]，说明普通高等教育的市场化程度高于普通高中阶段。鉴于普通高等教育的教育对象对知识接受能力和接受水平与家庭经济状况不发生必然联系，基于教育公平的理念和起点公平的诉求，经济困难家庭的大学生也有获得高等教育的权力，其至对接受高等教育的诉求更加强烈，因此普通高等教育学杂费收取水平必须维持在较低水平上。

表 4.44　　　　　　2002 ~ 2015 年全国普通高校学杂费收取基本情况

年份	学生数（万人）	学杂费（万元）	生均学杂费（元）	每年增长率（%）
2002	903.36	3906525.7	4324.44	—
2003	1108.60	5057306.5	4561.89	5.49
2004	1333.50	6476921.3	4857.08	6.47
2005	1561.78	7919249.3	5070.67	4.40
2006	1738.84	8575028.1	4931.45	-2.75
2007	1884.90	12231913.7	6489.44	31.59
2008	2021.02	14181276.7	7016.87	8.13
2009	2144.66	15403469.1	7182.25	2.36
2010	2231.79	16760755.9	7510.00	4.56
2011	2308.51	18121026.0	7849.67	4.52
2013	2468.07	19999916.1	8103.46	3.23
2014	2547.70	19808709.7	7775.13	-4.05
2015	2625.30	20156901.3	7677.94	-1.25

资料来源：《中国教育经费统计年鉴 2016》，Wind 金融终端数据库。

由表 4.44 中可知，全国普通高等院校生均学杂费从 2002 年的 4324.44 元增长为 2015 年的 7677.94 元，年均增长 4.53%，其中在 2006 年、2014 年、

---

① 资料来源：Wind 金融终端数据库。

2015 年出现了下降趋势，下降了 2.75%、4.05% 和 1.25%，其他年份均呈现上升趋势，在 2007 年增长比较明显，增幅高达 31.59%，其他年份增幅较为平稳。

从表 4.45 中可以看出，北京普通高等院校生均学杂费从 2002 年的 6534.14 元增长为 2015 年的 15563.55 元，年均递增 6.9%，其中从 2002～2013 年均呈现上升趋势，尤其在 2007 年增长比较明显，增幅为 38.29%，在 2006 年、2010 年增幅比较平缓，分别是增长 2.80%、2.91%，在 2014～2015 年出现了负增长，为 -11.72% 和 -4.46%。

表 4.45　　　　　　2002～2015 年北京普通高校学杂费收取基本情况

年份	学生数（万人）	学杂费（万元）	生均学杂费（元）	每年增长率（%）
2002	39.86	260450.7	6534.14	—
2003	45.89	328710.8	7163.02	9.62
2004	50.02	418052.1	8357.70	16.68
2005	53.67	473391.1	8820.40	5.54
2006	55.47	502949.8	9067.06	2.80
2007	56.79	712074.4	12538.73	38.29
2008	57.56	765726.2	13303.10	6.10
2009	57.72	884499.3	15323.97	15.19
2010	57.78	911200.1	15770.16	2.91
2011	57.86	965431.4	16685.64	5.81
2013	59.89	1105096.8	18452.11	10.59
2014	60.46	984908.6	16290.25	-11.72
2015	60.36	939414.4	15563.55	-4.46

资料来源：《中国教育经费统计年鉴 2016》，Wind 金融终端数据库。

从表 4.46 中可以看出，天津普通高等院校生均学杂费从 2002 年的 3701.00 元增长为 2015 年的 8371.01 元，年均递增 6.48%，其中在 2006 年、2010 年和 2014 年出现下降趋势，分别下降 10.10%、7.83% 和 13.36%，其他年份均呈现上升趋势，在 2005 年、2007 年增长比较明显，分别增长 39.57%、33.63%。

表 4. 46　　　　　　　2002～2015 年天津普通高校学杂费收取基本情况

年份	学生数（万人）	学杂费（万元）	生均学杂费（元）	每年增长率（%）
2002	19.69	72872.6	3701.00	—
2003	24.52	92536.2	3773.91	1.97
2004	28.57	114943.9	4023.24	6.61
2005	33.16	186196.0	5615.08	39.57
2006	35.74	180410.7	5047.87	-10.10
2007	37.11	250322.9	6745.43	33.63
2008	38.64	298762.4	7731.95	14.62
2009	40.60	317534.6	7821.05	1.15
2010	42.92	309407.5	7208.94	-7.83
2011	44.97	357773.7	7955.83	10.36
2013	48.99	466286.5	9517.99	19.64
2014	50.58	417119.3	8246.72	-13.36
2015	51.29	429349.1	8371.01	1.51

资料来源：《中国教育经费统计年鉴 2016》，Wind 金融终端数据库。

从表 4.47 中可以看出，河北普通高等院校生均学杂费从 2002 年的 4448.24 元增长为 2015 年的 6574.05 元，年均增长 3.06%，其中在 2006 年、2009 年、2015 年出现下降趋势，分别下降 1.38%、0.90%、6.7%，其他年份均呈现上升趋势，在 2007 年增长比较明显，增长 13.01%。

表 4. 47　　　　　　　2002～2015 年河北普通高校学杂费收取基本情况

年份	学生数（万人）	学杂费（万元）	生均学杂费（元）	每年增长率（%）
2002	47.30	210401.8	4448.24	—
2003	57.55	257890.3	4481.15	0.74
2004	69.74	334079.1	4790.35	6.90
2005	77.40	379051.4	4897.30	2.23
2006	86.26	416630.1	4829.93	-1.38
2007	93.05	507905.1	5458.41	13.01

年份	学生数（万人）	学杂费（万元）	生均学杂费（元）	每年增长率（%）
2008	100.00	601550.7	6015.51	10.21
2009	106.05	632195.1	5961.29	−0.90
2010	110.51	692338.9	6264.94	5.09
2011	114.93	744012.3	6473.61	3.33
2013	117.44	781018.0	6650.36	2.73
2014	116.43	820361.0	7045.96	5.95
2015	121.61	799470.8	6574.05	−6.70

资料来源：《中国教育经费统计年鉴2016》，Wind金融终端数据库。

从表 4.48 中可以看出，上海普通高等院校生均学杂费从 2002 年的 5344.55 元增长为 2015 年的 11857.51 元，年均递增 6.33%，其中在 2006 年、2008 年、2014 年和 2015 年出现下降趋势，分别下降 4.35%、0.24%、28.10%、2.98%，其中 2014 年下降幅度十分巨大。其他年份则均呈现上升趋势，在 2003 年、2004 年、2007 年和 2013 年增长比较明显，分别增长 27.29%、30.65%、30.50% 和 20.60%。

表 4.48　　　　　2002～2015 年上海普通高校学杂费收取基本情况

年份	学生数（万人）	学杂费（万元）	生均学杂费（元）	每年增长率（%）
2002	33.16	177225.2	5344.55	—
2003	37.85	257501.1	6803.20	27.29
2004	41.57	369478.9	8888.11	30.65
2005	44.26	456123.1	10305.54	15.95
2006	46.63	459635.8	9857.08	−4.35
2007	48.49	623770.8	12863.91	30.50
2008	50.29	645369.9	12832.97	−0.24
2009	51.28	692412.9	13502.59	5.22
2010	51.57	719279.3	13947.63	3.30
2011	51.13	720647.1	14094.41	1.05

年份	学生数（万人）	学杂费（万元）	生均学杂费（元）	每年增长率（%）
2013	50.48	858057.9	16997.98	20.60
2014	50.66	619173.3	12222.13	−28.10
2015	51.16	606630.4	11857.51	−2.98

资料来源：《中国教育经费统计年鉴2016》，Wind金融终端数据库。

从表4.49中可以看出，重庆普通高等院校生均学杂费从2002年的5209.01元增长为2015年的8532.21元，年均增长3.88%，其中在2003年、2004年、2014年、2015年出现了下降趋势，分别下降2.86%、9.65%、6.56%和2.81%，其他年份均呈现上升趋势，在2007年增长比较明显，增长29.07%。

表4.49　　　　　2002～2015年重庆普通高校学杂费收取基本情况

年份	学生数（万人）	学杂费（万元）	生均学杂费（元）	每年增长率（%）
2002	20.01	104232.2	5209.01	—
2003	24.05	121699.6	5060.27	−2.86
2004	28.45	130066.6	4571.76	−9.65
2005	33.36	168233.8	5042.98	10.31
2006	37.61	202106.7	5373.75	6.56
2007	41.37	286937.4	6935.88	29.07
2008	45.00	350227.5	7782.83	12.21
2009	48.42	388608.7	8025.79	3.12
2010	52.27	446678.8	8545.61	6.48
2011	56.78	516500.7	9096.53	6.45
2013	65.94	619528.2	9395.33	3.28
2014	69.16	607150.5	8778.93	−6.56
2015	71.66	611417.9	8532.21	−2.81

资料来源：《中国教育经费统计年鉴2016》，Wind金融终端数据库。

图 4.32 是 2002～2015 年全国及五省市普通高等院校生均学杂费折线趋势图。

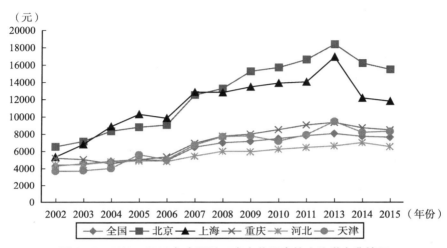

图 4.32　2002～2015 年全国及五省市普通高校生均学杂费情况

由图 4.32 中看出，2002～2015 年，全国各省市平均普通高校生均学杂费保持了平稳上升的趋势，河北与四个直辖市也基本保持了这样一个态势。但除天津外，北京、河北、上海和重庆在 2015 年均出现了不同幅度生均学杂费的下降。天津在 2002 年生均学杂费最低，此后逐渐上涨，虽无法与上海和北京相比，但也已超过全国平均水平。

图 4.33 是 2002～2015 年全国及五省市普通高等院校生均学杂费年增长率柱状图。

由图 4.33 中看出，2002～2015 年，天津普通高等院校生均学杂费年增长率在 2005 年、2007 年和 2013 年增幅较为明显，并且在 2005 年增幅明显领先于其他地区，但在 2006 年、2010 年和 2014 年出现下降趋势，其他年份增幅较小。

由表 4.50 和图 4.34 中看出，2002～2015 年，天津普通高等院校生均学杂费年均增长率为 6.48%，高于全国的 4.53%、河北的 3.06%、重庆的 3.88%，但低于北京的 6.9%、上海的 6.33%。

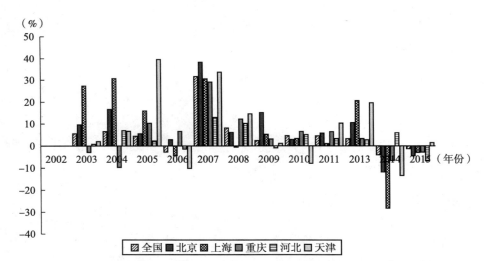

图 4.33 2002～2015 年全国及五省市普通高等院校生均学杂费年增长情况

表 4.50 2002～2015 年全国及五省市普通高校生均学杂费年均增长情况

地区	全国	北京	上海	重庆	河北	天津
增长率（%）	4.53	6.9	6.33	3.88	3.06	6.48

资料来源：根据前面相关表格数据计算。

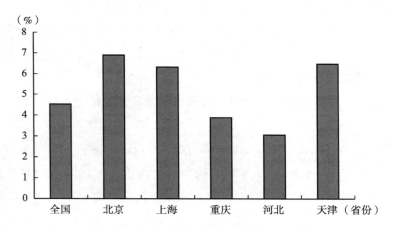

图 4.34 2002～2015 年全国及五省市普通高等院校生均学杂费年均增长情况

很显然，高校生均学杂费水平与学杂费总额以及在校生人数存在直接关系，当然也与经济发展水平、高等教育成本、家庭收入水平、居民消费偏好、

— 144 —

参照对象学杂费水平、财政投入能力与水平、其他投入渠道状况等更深层次因素形成函数关系。

（三）学杂费占居民人均收入的比例比较

学杂费作为受教育者获得高等教育的"价格"，固然与培养成本等供给因素有关，肯定也与需求者的支付能力直接相关，说到底与受教育者家庭收入水平成正比。从全国和五省市居民人均收入情况来看，全国、北京、天津、河北、上海、重庆2002～2015年的城镇居民人均可支配收入、农村居民人均纯收入情况如表4.51～表4.56所示。全国和五省市普通高中、普通高等院校生均学杂费占城镇居民人均可支配收入、农村居民人均纯收入的比例情况，见表4.51～表4.56。

表4.51　　　　　　2002～2015年全国城乡居民人均收入增长情况　　　　单位：元

年份	城镇居民家庭人均可支配收入	农村居民家庭人均纯收入
2002	7702.8	2475.6
2003	8472.2	2622.2
2004	9421.6	2936.4
2005	10493.0	3254.9
2006	11759.5	3587.0
2007	13785.8	4140.4
2008	15780.8	4760.6
2009	17174.7	5153.2
2010	19109.4	5919.0
2011	21809.8	6977.3
2012	24564.7	7916.6
2013	26955.1	8895.9
2014	29381.0	9892.0
2015	31194.8	11421.7

资料来源：国家统计局网站。

表 4.52   **2002～2015 年北京城乡居民人均收入增长情况**   单位：元

年份	城镇居民家庭人均可支配收入	农村居民人均纯收入
2002	12463.9	5880.1
2003	13882.6	6496.3
2004	15637.8	7172.1
2005	17653.0	7860.0
2006	19978.0	8620.0
2007	21989.0	9559.0
2008	24725.0	10747.0
2009	26738.0	11986.0
2010	29073.0	13262.0
2011	32903.0	14736.0
2012	36468.7	16475.7
2013	40321.0	18337.5
2014	43910.0	20226.0
2015	52859.2	20568.7

资料来源：国家统计局网站。

表 4.53   **2002～2015 年天津城乡居民人均收入增长情况**   单位：元

年份	城镇居民家庭人均可支配收入	农村居民人均纯收入
2002	9337.6	4278.7
2003	10312.9	4566.0
2004	11467.2	5019.5
2005	12638.6	5579.9
2006	14283.1	6227.9
2007	16357.4	7010.1
2008	19422.5	7910.8
2009	21402.0	8687.6
2010	24292.6	10074.9
2011	26920.9	12321.2
2012	29626.4	14025.5

年份	城镇居民家庭人均可支配收入	农村居民人均纯收入
2013	32293.5	15841.0
2014	31506.0	17014.2
2015	34101.4	18481.6

资料来源：国家统计局网站。

表 4.54　　　　　2002～2015 年河北城乡居民人均收入增长情况　　　　单位：元

年份	城镇居民家庭人均可支配收入	农村居民人均纯收入
2002	6679.7	2685.2
2003	7239.1	2853.4
2004	7951.3	3171.1
2005	9107.1	3481.6
2006	10304.6	3801.8
2007	11690.5	4293.4
2008	13441.1	4795.5
2009	14718.3	5149.7
2010	16263.4	5958.0
2011	18292.2	7119.7
2012	20543.4	8081.4
2013	22580.4	9101.9
2014	24141.3	10186.1
2015	26152.2	11050.5

资料来源：国家统计局网站。

表 4.55　　　　　2002～2015 年上海城乡居民人均收入增长情况　　　　单位：元

年份	城镇居民家庭人均可支配收入	农村居民人均纯收入
2002	13249.8	6223.6
2003	14867.5	6653.9
2004	16682.8	7066.3

续表

年份	城镇居民家庭人均可支配收入	农村居民人均纯收入
2005	18645. 0	8247. 8
2006	20667. 9	9138. 7
2007	23622. 7	10144. 6
2008	26674. 9	11440. 3
2009	28837. 8	12482. 9
2010	31838. 1	13978. 0
2011	36230. 5	16053. 8
2012	40188. 3	17803. 7
2013	43851. 4	19595. 0
2014	47710. 0	21191. 6
2015	52961. 9	23205. 2

资料来源：国家统计局网站。

表 4. 56　　　　　**2002～2015 年重庆城乡居民人均收入增长情况**　　　单位：元

年份	城镇居民家庭人均可支配收入	农村居民人均纯收入
2002	7238. 00	2097. 60
2003	8093. 70	2214. 60
2004	9221. 00	2510. 40
2005	10243. 50	2809. 30
2006	11569. 70	2873. 80
2007	12590. 80	3509. 30
2008	14367. 60	4126. 20
2009	15748. 70	4478. 40
2010	17532. 40	5276. 70
2011	20249. 70	6480. 40
2012	22968. 14	7383. 30
2013	25216. 13	8332. 00
2014	25147. 20	9489. 80
2015	27238. 80	10504. 70

资料来源：国家统计局网站。

1. 高中学杂费占居民收入比重

从表 4. 57 和图 4. 35 中可以看出，全国的普通高中生均学杂费占城镇居民人均可支配收入的比例处于平稳下降态势，虽然在也有个别年份出现过短暂上升现象。具体来看各省市生均学杂费占城镇居民人均可支配收入的比例情况，上海除 2014 年之外，高中生均学杂费占城镇居民可支配收入的比例最高，只有 2014 年被北京短暂超越。北京的该比例一直处于波浪式上升态势，在 2014年超越上海位居第一。河北在绝大部分年份普通高中学杂费占城镇居民收入比重是最低的，只有 2013 年将最低位置让给重庆，该年重庆的比重甚至低于河北 1. 58 个百分点。天津的该比例一直处于平稳上升态势，2011 年甚至超过北京位列五省市第二位，此后一直仅次于北京和上海，稳居第三位。

表 4. 57　　　　　2002～2015 年高中生均学杂费占城镇居民
人均可支配收入比例比较　　　　　单位：%

年份	全国	北京	上海	重庆	河北	天津
2002	9. 97	7. 35	18. 30	3. 63	5. 88	4. 48
2003	9. 93	6. 62	17. 14	3. 41	5. 23	7. 86
2004	9. 53	6. 65	15. 92	3. 96	4. 90	7. 85
2005	9. 47	6. 85	15. 02	4. 89	4. 53	7. 28
2006	8. 57	5. 41	13. 80	5. 95	4. 07	6. 57
2007	10. 67	8. 05	18. 15	8. 76	4. 55	9. 93
2008	10. 05	12. 90	22. 69	7. 47	4. 17	8. 86
2009	9. 74	15. 66	16. 68	7. 54	4. 34	7. 26
2010	9. 39	9. 67	15. 53	7. 46	4. 99	7. 95
2011	8. 49	8. 31	13. 64	6. 13	4. 75	9. 96
2013	7. 20	10. 69	17. 99	5. 95	7. 53	8. 06
2014	7. 22	15. 28	14. 09	6. 23	5. 80	10. 02
2015	6. 16	13. 36	15. 44	6. 37	4. 63	7. 14

资料来源：根据前述资料计算得出。

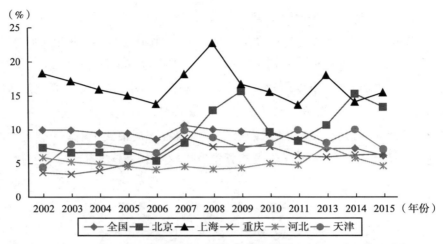

图 4.35　2002～2015 年高中生均学杂费占城镇居民人均可支配收入比例

　　由表 4.58 和图 4.36 中可以看出，全国普通高中生均学杂费占农村居民人均纯收入的比例较为平稳，总体存在下降趋势，只有个别年份稍有上升。具体来看生均学杂费占农村居民人均纯收入的比例情况，上海的普通高中生均学杂费占农村居民人均纯收入比例一直较高，只有 2014 年被北京短暂超越。北京该比例一直处于波浪式上升的态势之中，并于 2014 年超越上海，成为对比对象的第一名。天津除 2002 年和 2013 年该比例处于对比对象的最后一位之外，其余时间均处于较为平稳的态势之中。河北该指标则在 2003～2011 年，以及 2014 年一直是对比省市中的最低。总体上看，普通高中阶段学杂费收取水平与当地经济发展水平和居民收入水平成正比。

表 4.58　　2002～2015 年高中生均学杂费占农村居民人均纯收入比例比较　　单位：%

年份	全国	北京	上海	重庆	河北	天津
2002	31.01	15.57	38.96	12.54	13.56	9.77
2003	32.08	14.14	38.30	12.47	12.97	17.76
2004	30.59	14.51	37.60	14.55	12.43	17.94
2005	30.54	15.39	33.95	17.85	10.89	16.48
2006	28.11	12.54	31.21	23.94	9.83	15.07

续表

年份	全国	北京	上海	重庆	河北	天津
2007	35.52	18.52	42.27	31.42	10.60	23.17
2008	33.31	29.67	52.90	26.02	9.67	21.76
2009	32.46	34.93	38.54	26.50	9.94	17.89
2010	30.33	21.19	35.38	24.77	10.94	19.17
2011	26.54	18.56	30.78	19.15	10.61	21.77
2013	21.82	23.51	40.25	17.99	18.67	16.43
2014	21.45	39.31	32.46	16.50	13.75	18.55
2015	16.84	34.33	35.24	16.53	10.96	13.18

资料来源：根据前述资料计算得出。

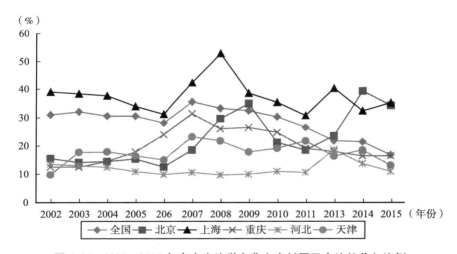

图 4.36　2002～2015 年高中生均学杂费占农村居民人均纯收入比例

2. 普通高校学杂费占居民收入比重

由表 4.59 和图 4.37 中可以看出，在绝大部分年份，全国普通高等院校生均学杂费占城镇居民人均可支配收入的比例呈现明显的持续下降趋势。具体来看生均学杂费占城镇居民人均可支配收入的比例情况，河北的高等学校生均学杂费占城镇居民可支配收入比例在绝大部分年份处于对比各省市中的最低位，

2014 和 2015 年该比例最低为上海。天津自 2002 年开始，该比例一直保持在较低水平，仅高于河北，但在 2013 年后，天津该比例一跃成为对比省市中最高的城市，即使是 2015 年也是位列倒数第二。尽管经济发展水平和居民收入相差不多的地区之间，普通高等教育收取的学杂费水平互有千秋，高低位置稍有差别，但总体上说，经济发展水平、城镇居民收入水平与学杂费水平之间还是满足"水涨船高"、供求决定的基本原理的。只是天津高等教育阶段学杂费占城镇居民收入比例由较低一跃而位居第一，有必要认真分析个种缘由，最好采取切实措施将居民学费负担降到与天津经济发展水平和城镇居民相对收入相一致的水平。

表 4.59　　　　　2002～2015 年普通高校生均学杂费占城镇
居民可支配收入比例比较　　　　　　　单位：%

年份	全国	北京	上海	重庆	河北	天津
2002	56.14	52.42	40.34	71.97	35.69	39.64
2003	53.85	51.60	45.76	62.52	32.28	36.59
2004	51.55	53.45	53.28	49.58	30.63	35.08
2005	48.32	49.97	55.27	49.23	27.74	44.43
2006	41.94	45.39	47.69	46.45	24.18	35.34
2007	47.07	57.02	54.46	55.09	24.82	41.24
2008	44.46	53.80	48.11	54.17	24.33	39.81
2009	41.82	57.31	46.82	50.96	22.29	36.54
2010	39.30	54.24	43.81	48.74	21.55	29.68
2011	35.99	50.71	38.90	44.92	19.67	29.55
2013	30.06	45.76	38.76	37.26	29.45	57.14
2014	26.46	33.57	25.02	34.91	29.19	51.71
2015	24.61	29.44	22.39	31.32	25.14	24.55

资料来源：根据前述资料计算得出。

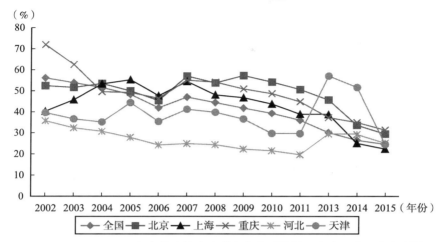

图4.37 2002～2015年高等院校生均学杂费占城镇居民人均可支配收入比例

由表4.60和图4.38中可以看出，全国普通高等院校生均学杂费占农村居民人均纯收入的比例在绝大部分年份也是呈现持续下降趋势。具体来看生均学杂费占农村居民人均纯收入的比例情况，河北的该比例一直处于对比省市中的最低水平，直到2014年被上海取代，2015年又将最低比例让位给天津。重庆的该比例一直处于对比省市中的最高水平，直到2013年和2014年被天津取代。总体来说，各省市的该比例均处于下降趋势。具体到各对比对象之间的比例结构，与前面分析的经济发展水平、居民收入水平与学杂费之间的水涨船高原理还是相符的，不再赘述。其中需要引起高度注意的是，天津普通高校学杂费占农村居民收入比重也是偏高的，尤其是由2002年的位居第三到2013年的排名第一，明显具有矫枉过正问题，应该采取措施将该项负担降到与天津居民相对收入水平相一致的位置。

表4.60　　　　　　　**2002～2015年普通高等院校生均学杂费占**

农村居民人均纯收入比例比较　　　　　单位：%

年份	全国	北京	上海	重庆	河北	天津
2002	174.68	111.12	85.88	248.33	82.40	86.50
2003	173.97	110.26	102.24	228.50	80.00	82.65
2004	165.41	116.53	125.78	182.11	77.64	80.15

年份	全国	北京	上海	重庆	河北	天津
2005	155.79	112.22	124.95	179.51	66.66	100.63
2006	137.48	105.19	107.86	186.99	58.36	81.05
2007	156.73	131.17	126.81	197.64	57.82	96.22
2008	147.39	123.78	112.17	188.62	56.42	97.74
2009	139.37	127.85	108.17	179.21	51.09	90.03
2010	126.88	118.91	99.78	161.95	47.24	71.55
2011	112.50	113.23	87.79	140.37	43.93	64.57
2013	91.09	100.63	86.75	112.76	73.07	116.48
2014	78.60	86.34	57.67	92.51	69.17	95.75
2015	67.22	75.67	51.10	81.22	59.49	45.29

资料来源：根据前述资料计算得出。

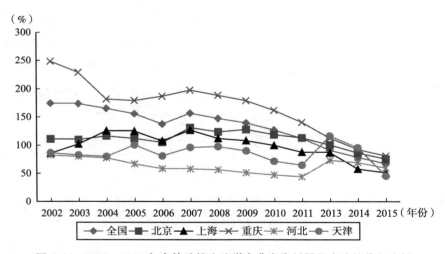

图 4.38　2002～2015 年高等院校生均学杂费占农村居民人均纯收入比例

表 4.61、图 4.39 和图 4.40 将全国和五省市两个非义务教育阶段的学杂费收取水平年均增速与各自城镇居民、农村居民人均收入年均增速之间的对比关

系汇总描述，从中可以更加集中地看出彼此之间学杂费负担水平的差距。

表 4.61   **2002~2015 年普通高中、高等院校生均学杂费与**

居民人均收入增长率比较   单位：%

地区	城镇人均收入	农村人均收入	高中学杂费	高校学杂费
全国	11.36	12.47	7.30	4.53
北京	11.75	10.11	17.0	6.90
上海	11.25	10.66	9.80	6.33
重庆	10.73	13.35	15.62	3.88
河北	11.07	13.20	3.93	3.06
天津	10.48	11.91	14.52	6.48

资料来源：根据前面全国和各地区居民收入资料计算得出，以及取自表 4.43、表 4.50 的数据。

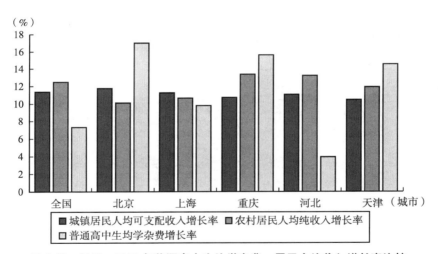

图 4.39   2002~2015 年普通高中生均学杂费、居民人均收入增长率比较

从表 4.61 和图 4.39 中可以看出，天津、重庆、北京普通高中生均学杂费年均增长率明显高于城镇居民人均可支配收入、农村居民人均纯收入的年均增长率。而其他地区普通高中生均学杂费增长率均低于城镇居民人均可支配收入、农村居民人均纯收入的年均增长率，其中河北更是比居民收入增长率低7~9 个百分点。天津普通高中学杂费增长率较北京、上海等地区仍处于较高水平。如此数据说明，天津城乡居民承受的普通高中阶段学杂费负担总体上是上升较快的。

　　由表4.61和图4.40中可以看出，所有六个对比对象的普通高等院校生均学杂费年均增长率均低于城镇居民人均可支配收入、农村居民人均纯收入的年均增长率。而京津沪三大直辖市普通高校学杂费增长率与居民收入增长率之间的差距稍小些，其他对比对象的差距更大一些。

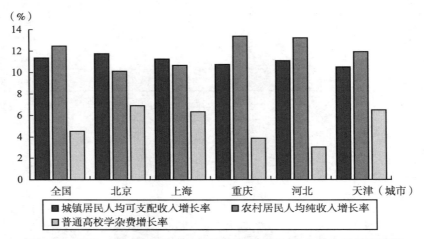

图4.40　2002~2015年普通高校生均学杂费、居民人均收入增长率比较

　　学杂费占人均收入的比重及其增长率取决于学杂费水平和家庭人均收入水平，背后因素应该是经济发展水平、财政投入能力、个人家庭承受能力等，也与决策者对两个非义务教育阶段的市场化程度的认识有直接关系。曾几何时（比如2002年），天津决策层比较青睐"低物价、低消费"的民生运行模式，反映在普通高中和普通大学学杂费收取标准上也是选择低水平，形成较低的学杂费占居民收入的比值或负担，而其他对象特别是北京和上海，均选择较高的物价水平包括学杂费收取标准，形成较高的学杂费占居民收入比重。而随后的十多年里，其他对象均选择相对平缓的学杂费上调幅度，而天津则改行迅速提升学杂费占居民收入比重的方式，城乡居民的学杂费负担快速提升至较重水平。

九、普通小学和普通高校财政拨款和社会捐助情况

本章第五部分曾经对全国和五省市全部教育经费来源结构进行了详细分析，但对每个具体教育阶段的经费来源结构未进行清晰交代。本部分对我国教育的两个重要阶段普通小学和普通高等教育，它们来自财政拨款和社会捐助的情况进行典型分析。

（一）普通小学财政拨款基本情况

从图 4.41 和表 4.62 中的数据及其计算结果可以看出，十多年间，各地普通小学生均财政拨款基本都保持了平稳增长。全国普通小学生均财政拨款由最初 2002 年的 900.85 元增长至 2015 年的 8928.28 元，年均增长率 19.3%。河北普通小学生均财政拨款从 2002 年的 733.00 元增加到 2015 年的 6768.90 元，年均增速 18.65%。重庆增长速度最快，2015 年达到了 8581.49 元，年均增速 20.4%。北京、天津、上海的普通小学生均财政拨款都大幅高于全国水平。其中北京最高，由 4346.36 元增长至 24383.03 元，年均增速 14.19%。上海次之，也由 4457.08 元增长至 20781.66 元，年均增速 12.57%。天津的普通小学生均财政拨款由最初的 2122.86 元增长至 18128.16 元，仅低于京沪，生均财政拨款水平居第三位，大幅领先于其他三个对比对象，年均增速达到17.94%，增速位居第四。总体上看，天津在普通小学财政拨款保障方面已经处于较为领先的水平，基本保证了小学教育质量的高水平稳定，但从绝对额上看，天津普通小学财政拨款水平还是低于北京和上海的，因此，应该继续保持较高的增幅，弥合天津与先进地区的投入差距。

表 4.62　　　　2002～2015 年全国及五省市普通小学生均财政拨款情况　　　　单位：元

年份	全国	北京	上海	重庆	河北	天津
2002	900.85	4346.36	4457.08	767.95	733.00	2122.86
2003	1027.29	5430.90	5359.25	830.93	856.26	2577.75
2004	1243.71	6912.31	7472.04	1029.77	1128.52	3154.66

续表

年份	全国	北京	上海	重庆	河北	天津
2005	1474.16	7971.01	8124.22	1240.03	1543.91	3926.07
2006	1796.59	9927.61	10007.59	1639.92	1853.47	4338.49
2007	2484.93	10182.43	11349.05	2446.12	2456.11	5454.18
2008	3137.98	12193.47	12968.45	2968.82	3179.79	7345.59
2009	3886.36	14715.95	13082.89	4396.86	3608.51	9859.78
2010	4415.41	16334.60	13149.89	5098.79	3990.21	11782.87
2011	5634.21	21569.75	16704.03	6967.97	4514.72	14438.18
2013	7439.53	22432.82	15993.85	8720.76	5102.86	15053.26
2014	7825.16	24068.91	19498.99	7741.64	5225.80	18491.22
2015	8928.28	24383.03	20781.66	8581.49	6768.90	18128.16

资料来源：《中国教育经费统计年鉴2016》。

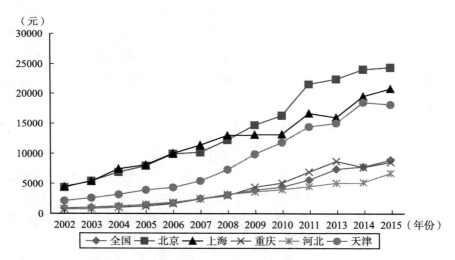

图4.41　2002～2015年全国及五省市普通小学生均财政拨款情况

（二）普通高等院校财政拨款基本情况比较

根据表4.63和图4.42中的数据可以计算得出，2002～2015年的13年间，全国普通高校生均财政拨款增长幅度超过一倍，年均增长达到了7.59%；除此以外，河北的普通高校生均财政拨款年均涨幅高于全国，达到12.23%。其中北京在 2014 年前呈现"先下降后上升"的趋势，但不知什么原因，北京普通高校生均财政拨款居然猛烈下降，下降幅度达到 47%，简直是"腰斩"；上海 2015 年生均拨款也大幅下降了近 30%。相对于其他对比对象该年增势依旧的情况，京沪两大直辖市颇有放下身段"迎接"大家的意思。天津的普通高校生均财政拨款绝对数量仅低于京沪，高于其他三个对比对象，但增幅仅高于北京（只是因为北京 2015 年生均拨款陡降，否则天津增幅将垫底）。总体来看，北京的普通高等学校生均财政拨款远高于其他省市和全国平均水平，在 2014 年达到 83874.52 元，2015 年也达到 44297.89 元。上海的普通高等学校生均财政拨款在 2014 年达到 48352.35 元，比北京少了近一倍，2015 年下降到 34806.37 元，已经达到北京的近 80%，但仍排在第二位。天津 2015 年底的普通高等学校生均财政拨款达到 23617.92 元，仍排在第三位。河北 2015 年底的普通高等学校生均财政拨款为 14395.83 元，低于全国平均水平，是对比省市中最低的。

表 4.63 　　　2002～2015 年全国及五省市普通高等院校生均财政拨款情况　　单位：元

年份	全国	北京	上海	重庆	河北	天津
2002	7250.09	24074.05	15215.13	6612.53	3211.68	10500.72
2003	6603.11	23093.31	15471.49	6175.93	2964.61	8890.52
2004	6393.52	17913.29	16421.36	5734.39	3003.27	9069.56
2005	6211.58	23969.86	18539.50	5458.05	2843.51	8797.53
2006	6511.12	30247.67	18580.92	5761.39	3229.60	9762.19
2007	8311.99	37478.84	26741.00	7086.08	3621.89	10651.96
2008	9704.87	45772.81	27785.91	8635.49	4710.14	12650.31
2009	10313.09	52829.46	29812.85	9282.15	4619.22	13533.68
2010	12182.14	66265.19	41479.55	10559.45	5638.32	17207.12
2011	16459.95	71959.73	53505.98	15058.97	7537.23	28261.04
2013	15470.51	82229.79	55052.33	15202.62	11496.70	21904.08
2014	16760.84	83874.52	48352.35	14150.60	11080.92	21172.80
2015	18767.44	44297.89	34806.37	16207.51	14395.83	23617.92

资料来源：《中国教育经费统计年鉴 2016》。

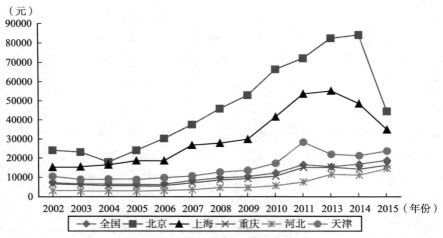

图 4. 42　2002～2015 年全国及五省市普通高等院校生均财政拨款情况

简单分析可以证明，生均财政拨款水平与一地的高等教育规模、财政资金供给能力、经济发展水平、高校学科专业类型、高等学校隶属关系等存在直接关系。天津普通高校生均财政拨款仅相当于北京的 53%，相当于上海的 68%（如果计算三个直辖市 2014 年的生均拨款差距，天津拨款数额更难以望京沪之项背），这将从根本上制约天津高等教育水平的提升幅度。众所周知，教育属于"百年树人"过程，高等教育尤其是"马太效应"最为明显的领域，即使是同样的投入增速，原本的质量差距也会自动扩大下去，更何况原本差距很大，如果不能在投入增速上大幅领先于优势方，单凭"感情投入"、结构优化等途径，要提升天津在高等教育上的质量差距，无异于天方夜谭。

（三）普通小学社会受捐基本情况

普通小学属于义务教育的主要构成阶段，经费来源肯定是财政投入为主，社会捐助数额肯定是很小的。从表 4.64 和图 4.43 中得出，13 年间，全国普通小学生均社会受捐水平总体上呈现先高后低态势，由 2002 年的 27 元下降到 2015 年的不到 11 元；其他省市普通小学生均受捐走势大体类似，其中北京由 175 元下降到不到 18 元多，"断崖"式下降了近 90%。而且从图上看，北京受捐数额 2011 年后大跌是最显著的现象；上海由近 47 元下降到 13.34 元，下降了 72%；河北由近 19 元下降到 2 元多，下降近 90%；重庆则经历了先升后降的变动轨迹，2008 年以前大幅上升了 116%，但随后两年急剧下降了 51%，再后来虽偶有上升，但到 2015 年又下降到 12 元多。

表 4.64	2002～2015 年全国及五省市普通小学生均社会受捐情况 单位：元					
年份	全国	北京	上海	重庆	河北	天津
2002	26.97	175.25	46.80	31.97	18.65	5.12
2003	21.74	117.16	11.67	31.86	20.21	2.69
2004	22.59	174.02	16.32	48.66	14.84	1.57
2005	24.71	187.08	15.87	55.94	15.09	4.22
2006	23.72	222.08	13.30	54.56	20.15	12.48
2007	24.99	157.86	9.74	54.37	8.91	5.63
2008	26.08	126.84	8.75	69.21	4.76	156.74
2009	34.24	200.35	14.57	25.52	7.17	48.61
2010	26.18	141.53	11.08	33.67	4.12	25.61
2011	22.02	179.98	8.27	53.07	3.82	41.80
2013	13.00	18.07	9.53	14.81	4.65	28.45
2014	10.82	12.83	17.31	18.97	10.47	17.31
2015	10.21	18.32	13.34	12.42	2.13	11.36

资料来源：《中国教育经费统计年鉴 2016》，Wind 金融终端数据库。

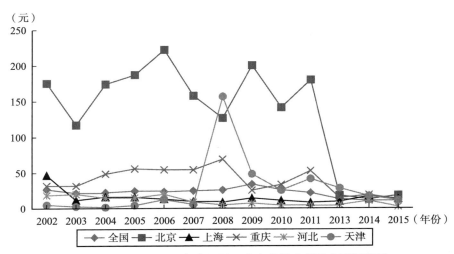

图 4.43　2002～2015 年全国及五省市普通小学社会受捐情况

同全国和其他省市相比，天津普通小学生均受捐水平呈现完全不同的变动轨迹，天津普通小学生均社会受捐水平在 2007 年以前低于全国水平，甚至在 2004 年只有区区 1.57 元，但在 2008 年出现了一次爆发式增长，大幅高于全国水平和其他四个地区，达到了 156.74 元，甚至比北京当年的小学生均受捐水平都高出近 30 元。此后虽没能保持排名第一的位置，但总的看在全国也是排名比较靠前的。

从各教育阶段接受社会捐助的规模看，普通小学受捐规模一般远小于其他层次学校，特别是远低于高等教育受捐规模，究其原因，一是小学生规模太庞大了，即使吸引到一笔巨额捐赠，但换算成生均数额也很有限。二是小学与成才的门槛太远了，对社会捐助的吸引力偏弱。三是小学是义务教育阶段，办学成本比较低且全部由国家财政负责，潜在捐助者感觉不到对小学教育进行捐赠的必要性。

（四）普通高等院校社会受捐基本情况

与普通小学吸纳到的社会捐赠情况完全不同，高等教育属于法定之非义务教育阶段，也是正规人才培养的最后一站，距离人才成才门槛最近，也更容易得到成功人才的认可，自然也最更容易得到成功人才的回馈，因此其吸纳到的社会捐赠当然是所有教育阶段中最为丰厚的阶段。表 4.65 和图 4.44 是关于全国及五省市在 2002～2015 年普通高校接受社会捐赠的生均数据。

表 4.65　　　　2002～2015 年全国及五省市普通高校社会生均受捐情况　　　单位：元

年份	全国	北京	上海	重庆	河北	天津
2002	308.02	1302.69	1286.02	102.05	0.02	133.42
2003	231.26	444.53	1159.43	157.42	8.72	74.24
2004	161.56	599.48	1177.89	49.51	20.47	120.14
2005	134.97	780.24	376.66	59.13	0.64	143.54
2006	111.17	600.17	412.76	43.17	0.06	54.16
2007	144.20	1058.72	459.35	34.15	16.38	104.90
2008	141.68	701.58	433.52	29.66	3.03	90.84

续表

年份	全国	北京	上海	重庆	河北	天津
2009	122.05	864.14	398.90	51.05	2.30	52.27
2010	132.79	717.32	423.74	114.40	24.60	82.44
2011	187.08	1946.79	414.54	83.96	4.27	93.36
2013	175.55	1657.10	462.28	62.65	6.08	135.48
2014	158.55	1432.99	550.31	70.70	10.29	109.78
2015	170.61	1130.66	679.96	74.60	3.54	143.35

资料来源：《中国教育经费统计年鉴2016》，Wind金融终端数据库。

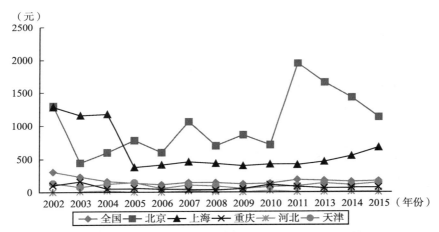

图4.44 2002～2015年全国及五省市普通高校社会受捐情况

由表4.65和图4.44看出，13年间，全国普通高校生均社会受捐水平总体上呈现先高后低态势，由2002年的300多元下降到170多元，与全国经济发展态势大相径庭。从地区来看，总体态势与全国相同，但具体到各省、市之间，变动轨迹就稍有不同。天津和重庆的普通高校生均社会受捐低于全国水平，但也基本保持平稳，略有下降；上海的普通高校生均社会受捐虽高于全国均值，但呈现明显的先高后低态势，由2002年的1286元大幅下降为2015年的近680元，下降幅度达到47%；北京的普通高校生均社会受捐水平虽总体上高于全国，但是波动幅度较大，先由2002年的1300多元下降到2010年的

700 多元，次年却猛增 1.7 倍，达到 1947 元，再后最有所下降，但 2015 年也维持在 1100 多元的高位，其高等教育"首善之地"的名头由此可见一斑。相对而言，河北作为高等教育发展程度较低的地区，其在接受社会捐赠方面的劣势更是显而易见，13 年间，该省生均受捐不到 8 元，大幅低于全国和对比省市的水平，甚至低于普通小学生均受捐水平，2002 年生均受捐金额只有区区 2 分钱。如果说"马太效应"在形容各地高等教育发展趋势上的比较贴切的话，那么，各地之间高等教育接受社会捐赠之间的差距更显示出超强版的"马太效应"。

天津普通高校生均社会受捐水平低于全国水平，平均为 102.92 元。分年度来看，2002 年、2004 年、2005 年、2007 年、2013 年和 2014 年生均受捐超过 100 元，平均受捐水平先增加后减小，最后在 2013 年和 2015 年出现骤增。这表明天津普通高校受到的社会受捐来源还不够稳定，数额也低于全国水平。因此亟待设法提高高校社会受捐水平。从社会理念上，加大社会高校捐资理念的宣传，通过政策激励鼓励个人与企业对高校进行捐资，如减轻遗产税和增加对捐资企业的政策优惠及转移支付；健全政策体制机制，利用体制手段完善社会捐资支持架构。

总的讲中国大学受捐水平普遍很低，而且波动幅度太大，难以形成的稳定的可预期的办学资金来源，这跟西方的大学特别是知名大学的受捐水平及其稳定性无法相提并论。原因可能有以下几点：一是中国大学的主体是国立性质，财政承担了很大的出资责任，社会感觉不到大学受捐的迫切性和必要性；二是中国社会经济的主体是公有制经济成分，供职其中的毕业生对公司（单位）的资金没有支配权力，其对企业发展的贡献度也难以评估；三是大学生对母校的认同感远不及西方社会，特别是一些办学水平不太高的地方院校，毕业生认同感不仅严重低于西方国家，也大大低于教育部部属院校（我国高等教育领域的"中央军"），收获捐赠的更是少之又少；四是大额社会捐赠的偶然性太大，相关领域的立法建设工作尚有很大距离等。

第四章是关于各个层面教育投入的网络式分析，尽管稍显烦琐，但的确面面俱到。总体上看，财政性投入特别是预算内资金投入是所有教育投入的主体，这是对我国教育产品公共性的极好证明。而且，不管是总量教育投入，还是分层次教育投入；不管是投入总额，还是生均投入；不管是各教育层级的投入，还是各来源渠道投入等，它们都与经济发展水平、发展质量、财政投入能力、教育投入偏好程度、教育规模、平均教育层次、办学水平、教育结构、教育财务管理水平、教育财政体制等因素有直接关联，同样也会促进这些教育投入因素的改善。

第五章

天津市"十三五"时期各年度
教育投入数据测算

如前所述,对某年度(时期)教育投入及其内部结构的分析,不仅需要获得该指标的过去变动轨迹数据,还要对相关变量的变动情况进行有效掌握。下面我们将从各项指标测算公式的诞生及其理论依据、相关支持数据的由来、最终测算结果的产生过程等几个方面进行分析,对天津"十三五"各年度教育投入数据进行尽可能科学地测算,为天津编制教育投入"十三五"规划提供参考依据。

我们将通过天津"十三五"教育投入规模和增速、财政性教育投入规模和增速、人均教育投入和人均财政性教育投入、生均教育投入和生均财政教育投入、各年公用经费及生均公用经费投入、高等教育收费标准、各教育阶段财政投入指标等进行测算。

一、天津市"十三五"教育投入规模和增速测算

(一)测算公式

2016～2020 年各年教育的投入规模(G_n)={上年规模(G_{n-1})×[1+(天津过去 GDP 平均增速+天津过去财政总支出平均增速+对比对象过去教育投入平均增速)÷3×调整系数]}×(1+天津人口平均增速)　　　　(5.1)

其中,G_n 为第 n 年的教育经费投入规模,比如,要测算 2016 年天津教育

投入规模，G_n 就是 G_{2016}，以此类推。

（二）理论依据

上述测算式（5.1）的理论依据是，每年各地对教育的投入规模既取决于教育投入的需求因素，又取决于教育投入的供给因素；既与现有投入基础有关，又与未来教育发展因素有关；既与本地教育投入因素有关，又与其他比照对象的投入状态有关。具体来说，天津"十三五"时期每年具体教育投入规模受制于许多因素，它们都将体现在测算公式中。具体指标有：任何测算的基础肯定是上年基数；而伴随人口增长，教育投入总规模必须实现相应增长，故此人口增速肯定是教育投入增幅的底线；又考虑到教育投入增长将受到天津经济预期增速、财政规模增速（鉴于财政支出比收入更说明财政支配资源的状态，在此选择财政支出数据），乃至参照对象教育投入增速的影响，因此使用三者综合平均增速；另外教育投入肯定也会受到经济进入新常态（过去很少经历过的常态）、国家和地区教育发展新理念和新政策等因素的影响，故此加入调整系数适当修正。我们知道，调整系数并无确切的诞生依据，数值给定存在很强的主观性，但其背后的总体依据是存在的，也是必可不少的，因此尽管稍显不严肃和不科学，但也必须为之（其依据类似于所谓"随机扰动项"）；反之，如果不设置该因子，更是不严谨的测算过程。

（三）支持数据

人口数的平均增速为 2002～2015 年天津常住人口平均增速。所谓天津过去 GDP 平均增速、过去财政支出平均增速都是 2002～2015 年以来数据加总平均而来；所谓参照对象过去教育投入平均增速是取全国、北京、上海、重庆、河北五个参照对象 2002～2015 年教育投入综合平均数而得。所谓调整系数在此只考虑经济新常态因素，数据处理上采取将 2013～2015 年平均 GDP 增速与天津过去（2002～2012 年）GDP 平均增速之比，天津这三年经济平均增速为 8.66%（现值，下面如无特别说明均为现值概念），2002～2012 年经济平均增速为 19.62%，则调整系数约 0.44。其数据支撑分别如表 5.1 和表 5.2 所示。

表 5.1   2002～2015 年天津经济总量、财政支出和人口变动情况

年份	天津 GDP（亿元）	天津财政支出（亿元）	天津常住人口（万人）
2002	2150.76	265.21	1007
2003	2578.03	312.08	1011
2004	3110.97	375.02	1024
2005	3905.64	442.12	1043
2006	4462.74	543.12	1075
2007	5252.76	674.33	1115
2008	6719.01	867.72	1176
2009	7521.85	1124.28	1228
2010	9224.46	1376.84	1299
2011	11307.28	1796.33	1355
2012	12893.88	2143.21	1413
2013	14370.16	2549.21	1472
2014	15726.93	2884.70	1517
2015	16538.19	3232.35	1547

注：天津财政支出指天津地方一般公共预算支出。
资料来源：《天津市统计年鉴 2017》，Wind 金融终端数据库。

根据表 5.1 的数据，我们可以方便地测算出，2002～2015 年天津经济总量年均增速为 17%，一般预算支出年均增速为 21.22%，常住人口年均增速 3.36%。

表 5.2   2002～2015 年全国及四省市教育经费投入规模

年份	全国教育投入（亿元）	北京教育投入（亿元）	上海教育投入（亿元）	重庆教育投入（亿元）	河北教育投入（亿元）	简单平均数（亿元）
2002	5480.03	353.87	273.97	106.65	210.10	1284.92
2003	6208.27	392.88	307.02	120.78	232.00	
2004	7242.60	449.26	383.27	143.44	270.09	
2005	8418.84	522.72	422.95	173.10	324.94	
2006	9815.31	337.43	370.73	168.16	355.44	

年份	全国教育投入 （亿元）	北京教育 投入（亿元）	上海教育 投入（亿元）	重庆教育 投入（亿元）	河北教育 投入（亿元）	简单平均数 （亿元）
2007	12148.07	407.73	431.83	230.97	440.37	
2008	14500.74	469.02	482.30	266.26	558.49	
2009	16502.71	528.94	493.73	331.00	614.53	
2010	19561.85	613.44	558.27	406.84	719.27	
2011	23869.29	737.38	710.63	503.95	844.79	
2013	30364.71	999.84	906.97	656.56	1029.81	
2014	32806.46	1093.74	989.22	698.00	1086.17	
2015	36129.19	1117.12	1013.11	797.10	1286.16	8068.54

注：所谓"简单平均数"是左侧五个数据的简单平均，没有任何经济意义，只是为了测算五个参照对象 2002～2015 年教育经费投入平均增速，进而为测算天津"十三五"时期各年教育投入提供依据。另外，与前面表格年代数据中没有 2012 年数据一样，本表格中也不含该年数据，因为有关部门没有提供该年份的教育投入数据。

资料来源：国家统计局网站，Wind 金融终端数据库。

根据表 5.2 数据我们可以测算出，2002～2015 年全国教育投入总规模年均增速为 17.02%，北京、上海、重庆、河北四省市教育投入年均增速分别为 10.06%、11.52%、18.25%、16.30%，使用简单方法测算出的五个参照对象的教育投入年均增速为 16.55%。

（四）测算结果

将上述有关数据带入测算公式（5.1）就能够简单计算出 2016～2020 年各年天津教育经费投入规模（G_n）（见表 5.3）。比如，表中 2016 年天津教育经费总投入计算过程如下：

$$G_{2016} = \{560.57 \times [1 + (17\% + 21.22\% + 16.55\%) \div 3 \times 0.44]\} \times (1 + 3.36\%)$$

$$= \{560.57 \times [1 + 18.26\% \times 0.44]\} \times 1.0336$$

$$= 560.57 \times 1.0803 \times 1.0336 = 560.57 \times 1.1166 \approx 626（亿元）$$

式中，560.57 亿元为天津 2015 年教育经费总投入（来源 Wind 数据库），1.1166 - 1 即为"十三五"时期教育经费投入年均增速，为 11.66%。其他年份教育经费投入规模测算方式与此相同。

表5.3 2016～2020 年天津教育总投入规模增速测算

年份	教育总投入规模测算结果（亿元）	比上年增速（%）
2016	626	11.66
2017	699	11.66
2018	781	11.66
2019	872	11.66
2020	974	11.66

注：本书成书出版时间已经到了"十三五"中期甚至更晚一些了，实际的教育投入数据已经产生，肯定与上面测算的数据不一致，甚至有相当大的差距，尤其是天津经济发展情况很不理想，经济增长速度连年在最低位置附近徘徊，2017 年经济增速只有 3.6%，2018 年上半年只有 3.4%，严重偏离了以前正常发展轨迹，导致财源建设和教育投入数据也极不景气，比如已经发布的 2016 年天津教育经费总投入数据为 536.51 亿元，比上年数据不仅没有预期增高，甚至降低了 4.3%。但是作为关于未来教育投入数据测算方法，我们认为前面形成的测算公式还是比较科学的。

二、天津市"十三五"财政性教育投入规模和增速测算

财政性资金投入是我国教育资金投入的主渠道。2015 年全国性教育资金投入中，财政投入比例高达 80%；同年天津财政投入比例更是超过 85%。因此，教育经费投入的充裕程度，说到底就是财政投入的充分程度。从各个教育阶段来看，财政投入的主渠道地位基本体现在所有教育阶段，义务教育阶段自不待言，即使是非义务教育阶段，财政投入也持续扮演主体角色。因此，关于天津"十三五"各年教育投入规模的测算问题，主要是各年财政投入规模的测算问题。

关于每年财政性教育经费投入规模测算公式确定问题，可以有两个确定思路：一是根据测算公式（5.1）测算教育总投入的内在机理，综合考虑财政性教育投入的供给因素和需求因素、现存因素和发展因素、本地因素和参照对象因素、常规因素和非常规因素等，顺向确定财政性教育投入规模的测算公式，这样给测算过程提供了比较坚实的理论基础和现实依据。但是如此确定过程由于一些数据产生有自己的独立性，最终确定结果很可能会出现财政性教育投入规模大于总的教育投入规模的荒唐情况。二是根据相近年份实际发生的财政教育投入占教育总投入的比重，大致测算出各年财政教育投入规模，如此尽管有

些简单粗糙，理论依据稍微弱一些，但却能保持两个投入数据的基本匹配性。我们尝试着将两个测算公式确定思路简单比较一下。

根据第一个确立思路，我们可以构建如下测算式（5.2）：

2016～2020年各年财政教育投入规模（C_n）＝{上年财政教育投入规模（C_{n-1}）×[1+（天津过去财政教育投入平均增速+天津过去财政总支出平均增速+参照对象过去财政教育投入平均增速）÷3×调整系数]}×（1+天津人口平均增速）　　　　　　　　　　　　　　　（5.2）

根据第二个确立思路，可以确立测算式（5.3）：

2016～2020年各年财政教育投入规模（C_n）＝已经完成的各年教育投入总规模测算值÷相近年份财政教育投入占总投入的平均比重　　　（5.3）

我们曾经依据公式（5.2）尝试测算2016～2020年天津财政性教育投入数据，测算过程和结果如下：

首先，计算得出上述公式中各个具体因素的数值，即各个支持数据。凡是上面公式中的"过去"数据（包括天津人口平均增速），我们都使用2002～2015年的平均增速数据。其中关于天津过去财政总支出年均增速和常住人口平均增速均使用表5.1的数据，天津财政教育投入平均增速根据前面表4.31数据计算得到。至于调整系数的取得，我们考虑用天津2013～2015年财政支出平均增速与2002～2012年平均增速之比作为调整系数，大体能够反映天津进入新常态后经济形势的变化对财政教育投入的影响程度。据测算，天津2013～2015年3年间财政支出平均增速为14.73%，将该数值与2002～2012年天津财政支出平均增速23.23%相比，得出调整系数为0.63。另外，包括全国、北京、上海、重庆、河北5个参照对象过去（即2002～2015年）财政教育投入平均增速的测算过程及结果（见表5.4）。

表5.4　　　　　2002～2015年全国及四省市财政性教育投入规模增速

年份	全国财政性教育投入（亿元）	北京财政性教育投入（亿元）	上海财政性教育投入（亿元）	重庆财政性教育投入（亿元）	河北财政性教育投入（亿元）	简单平均（亿元）
2002	3491.40	219.44	174.06	64.50	137.39	817.36
2003	3850.62	252.34	192.57	69.53	148.15	

续表

年份	全国财政性教育投入（亿元）	北京财政性教育投入（亿元）	上海财政性教育投入（亿元）	重庆财政性教育投入（亿元）	河北财政性教育投入（亿元）	简单平均（亿元）
2004	4465.86	298.35	228.59	82.68	175.48	
2005	5161.08	335.76	275.06	95.65	212.69	
2006	6348.36	254.23	264.91	107.70	237.28	
2007	8280.21	317.60	326.14	147.18	310.36	
2008	10449.63	383.31	367.41	181.36	417.13	
2009	12231.09	433.27	382.53	232.45	469.21	
2010	14670.07	513.66	440.74	289.32	564.75	
2011	18586.70	627.73	584.43	383.21	684.46	
2013	24488.22	894.19	764.04	522.80	852.40	
2014	26420.58	968.36	796.53	553.89	892.65	
2015	29221.45	981.08	826.42	640.10	1073.30	6548.47

注：所谓"简单平均数"是左侧五个数据的简单平均，与表5.2一样，也没有任何经济意义，只是为了测算五个参照对象2002~2015年财政教育经费投入平均增速，进而为测算天津"十三五"时期各年财政教育投入数据提供依据。另外，本表与前面表格年代数据中没有2012年数据一样，本表格中也不含该年数据，原因也是有关部门没有提供该年份的教育投入数据。

资料来源：国家统计局网站，Wind金融终端数据库。

根据表5.4提供的年份数据，可以计算出2002~2015年，全国财政性教育投入年均增速为19.37%，北京、上海、重庆、河北四省市年均增速分别为13.29%、13.91%、21.08%和18.69%，最后利用简单算法得出五个参照对象财政性教育投入年均增速为18.94%。

然后将上面固定下来的数据带入测算式（5.2），可以得出天津"十三五"时期各年份财政教育投入数值，测算结果如表5.5所示。比如根据式（5.2）对2016年财政教育投入数据测算过程举例如下：

$$C_{2016} = \{477.51 \times [1 + (18.93\% + 21.22\% + 18.94\%) \div 3 \times 0.63]\}$$

$$\times (1 + 3.36\%) = 477.51 \times [1 + 19.7\% \times 0.63] \times 1.0336$$

$$= 477.51 \times [1 + 19.7\% \times 0.63] \times 1.0336 = 477.51 \times 1.124 \times 1.0336$$

$$= 477.51 \times 1.124 \times 1.0336 = 477.51 \times 1.162 \approx 555 （亿元）$$

式中，477.51 亿元是 2015 年天津财政教育投入规模，1.162 − 1 = 16.2% 是"十三五"时期各年天津财政教育投入增长速度。

表 5.5　　　　　2016～2020 年天津财政性教育投入规模增速测算

年份	财政性教育投入规模测算（亿元）	比上年增速测算（%）
2016	555	16.2
2017	645	16.2
2018	750	16.2
2019	872	16.2
2020	1013	16.2

但如此就出现了十分荒唐的测算结果，2019 年的财政投入数据与表 5.3 中教育总投入的数值完全一样，均为 872 亿元，更有甚者，测算出的 2020 年财政投入数据达到 1013 亿元，超过了表 5.3 中测算出的教育总投入数据（974 亿元），这完全是一个荒唐测算结果，因为，财政投入作为教育总投入来源渠道之一（其他还有收取学杂费、社会捐助等），断然是不可能出现"局部大过总体"的情况的。因此，我们在此使用第二个测算公式，根据表 5.3 的教育总投入测算结果，考虑 2013～2015 年财政投入占总投入的比重情况（据计算，该三年财政投入平均占比为 86.71%），给出 2016～2020 年每年财政教育投入的具体规模如表 5.6 所示。

表 5.6　　　　　2016～2020 年天津财政性教育投入规模增速测算

年份	教育总投入规模测算值（亿元）	财政性教育投入占教育总投入比重（%）	财政性教育投入规模测算结果（亿元）
2016	626	86.71	543
2017	699	86.71	606
2018	781	86.71	677
2019	872	86.71	756
2020	974	86.71	845

注：本书完成并交付出版时，时间已经进入"十三五"中期了，真实发生的数据与上述测算数据有一定出入，尽管测算公式中已经考虑到经济社会新常态对财政教育投入的影响，但也未能料到真实情况会有如此出人意料的变化，比如 2016 年天津财政性教育经费投入只有 453.05 亿元，不仅未能实现预计表 5.5 测算的 16.2% 的增长，以及表 5.6 测算的 543 亿元，甚至比 2015 年投入数据都下降了 5.1%。我们只能留待未来对测算公式进行一步完善了。另外，之所以将财政投入比重的计算年份确定为 2013～2015 年，原因是该三年已经属于经济新常态时期了，与未来经济走势大体一致。

三、天津市"十三五"人均教育投入和人均财政性教育投入测算

单纯测算一个国家或地区教育投入总规模和财政教育投入总规模，并不足以充分说明该国家或地区教育投入强度或对教育发展的重视程度，因为各国或各地区人口数是完全不同的，唯有将人口因素考虑进去，测算平均每人获得的教育投入或财政性教育投入数值，方能比较准确地说明它们对教育发展的投入强度或对教育发展的重视程度。故此，本部分对天津未来数年人均教育投入和人均财政教育投入数值的测算有着非常重要的意义。

（一）测算公式

2016～2020 年天津人均教育投入水平（RJn）= 天津 2016～2020 年各年教育投入规模 ÷ 天津各年人口数　　　　　　　　　　　　　　　　　　　　　　　(5.4)

2016～2020 年天津人均财政性教育投入水平（RCn）= 天津 2016～2020 年各年财政教育投入规模 ÷ 天津各年人口数　　　　　　　　　　　　　　　　　(5.5)

（二）理论依据及支持数据

上述测算公式的具体式子分别由两个因素构成，其中第一个因素均是前面测算完成的，它们具体的测算过程均有比较严格的理论依据，并有比较准确的现实赋值过程，在此无须赘述。两个公式中的另一个因素即为各年度人口数，鉴于教育投入对象和财政性教育投入对象均是天津常住人口概念，在此肯定与前面表格中该指标意义相同。因此，天津 2016～2020 年各年教育投入规模和财政性教育投入规模，以及天津各年常住人口数，均由前面的表格中直接拿来。

（三）测算结果

测算结果如表 5.7 和表 5.8 所示。

表 5.7   **2016～2020 年天津人均教育投入测算**

年份	教育总投入规模（亿元）	各年常住人口数（万人）	人均教育经费投入（元）
2016	626	1562	4008
2017	699	1557	4489
2018	781	1609	4854
2019	872	1663	5244
2020	974	1719	5666

资料来源：教育总投入规模数据来自表 5.3，各年常住人口数据中 2016 年和 2017 年来自 Wind 数据库，是实际存在的数据，其他年份系根据表 5.1 测算的年均增速 3.36％ 计算得到。

表 5.8   **2016～2020 年天津人均财政性教育投入测算**

年份	财政性教育投入规模（亿元）	各年常住人口数（万人）	人均财政性教育经费投入（元）
2016	543	1562	3476
2017	606	1557	3892
2018	677	1609	4208
2019	756	1663	4546
2020	845	1719	4916

资料来源：财政性教育投入规模来自表 5.6，常住人口数据来源与表 5.7 相同。

四、天津市"十三五"生均教育投入和生均财政教育投入规模和增幅测算

前面对天津"十三五"时期各年教育总投入和财政教育总投入，以及按常住人口平均的人均教育投入和人均财政教育投入数据进行了测算，基本可以反映未来几年天津教育领域获得资金的投入强度，也能够一定程度上反映出天津决策层对教育发展的重视程度。然而，考虑到不同地区和不同时期内，学生人数与常住人口之间并不是完全相同的比例关系，因此具体到每个学生身上，接受到的教育投入和财政性教育投入数值肯定是不一样的，因此，还有必要具体测算生均投入指标，以便更准确测定每个教育对象接受的投入强度。

（一）测算公式

$$生均教育投入（SJn）=教育总投入测算数据÷在校学生数 \qquad (5.6)$$

$$生均财政性教育投入（SCn）=财政性教育投入测算数据÷在校学生数$$

$$(5.7)$$

式中个，n 表示第 n 年生均教育投入或生均财政性教育投入指标。

（二）支持数据

天津 2016~2020 年各年教育投入规模和财政性教育投入规模，均由前面的表 5.3 和表 5.6 中直接拿来，其中已经考虑到了天津过去教育投入和财政性教育投入、天津过去财政总支出、参照对象过去教育投入和财政性教育投入等多项历史数据，在校学生数为 2011~2015 年"十二五"时期天津在校学生数均值。测算结果数据支持如表 5.9 所示。根据表 5.9 数据能够测算出天津"十二五"在校生规模平均增速为 1.85%

表 5.9   **2011~2015 年天津在校学生人数**

年份	在校学生总数（人）
2011	1810468
2012	1843172
2013	1862161
2014	1903629
2015	1948523

资料来源：2011 年和 2015 年数据来自 Wind 金融终端数据库，其他年份数据均来自教育部网站各年"教育统计数据"。各年在校生总数均是由各教育层次在校生人数相加得到。

（三）测算结果

测算结果如表 5.10 和 5.11 所示。

表 5.10 　　　　　　　2016～2020 年天津生均教育投入测算

年份	教育投入规模（亿元）	在校生人数（个）	生均教育投入（元）
2016	626	2011991	31113
2017	699	2024503	34527
2018	781	2061956	37877
2019	872	2100102	41522
2020	974	2138954	45536

资料来源：Wind 金融终端数据库，教育部网站"教育统计数据 2017"。教育投入规模数据来自表 5.3，在校生人数除 2016 年和 2017 年是实际数据外，其他均是依据表 5.9 测算出的年均增速 1.85% 在上年基础上计算得到。

表 5.11 　　　　　　　2016～2020 年天津生均财政性教育投入测算

年份	财政性教育投入规模（亿元）	在校生人数（个）	生均财政性教育经费投入（元）
2016	543	2011991	26988
2017	606	2024503	29933
2018	677	2061956	32833
2019	756	2100102	35998
2020	845	2138954	39505

资料来源：Wind 金融终端数据库，教育部网站"教育统计数据 2017"。财政性教育投入规模数据来自表 5.6，各年在校生人数取得方式均表 5.10 相同。

五、天津市"十三五"各年生均公用经费及公用经费投入规模和增幅测算

（一）测算公式

天津 2016～2020 年某教育阶段生均公用经费数额（SGn）= 上年本阶段生均公用经费 ×（1 + 本阶段过去生均公用经费平均增速）× 调整系数　　　（5.8）

天津 2016～2020 年全部教育公用经费数额（JGn）= $\sum$ 某教育阶段生均公用经费数额 × 每年本阶段在校生人数　　　（5.9）

式中 n 表示第 n 年天津教育公用经费和生均公用经费投入数额。生均公用

经费则仅指生均公共财政预算公用经费。

（二）理论依据

教育部门每年获得各种教育经费依其最终形成的消费主体不同，均可以分成两大类，一类是人员经费，另一类是公用经费。前者指最终形成个人收入或以个人作为最终消费主体的教育经费，后者则是指最终形成教育部门的共用品，或以教育机构作为最终消费主体的教育经费。尽管人员经费的形成状况对教育发展也发挥重要作用，甚至从长久看，人员经费催生的教育从业人员的存在状况对教育发展可能发挥根本性作用，但是，如果人员经费分配采用平均分配方式，与从业人员劳动绩效之间不发生非常密切的内在联系的话，那么，人员经费对教育发展的直接效果不太明显。反之，从短期看，公用经费是教育经费中最能直接推动教育发展的项目，因为公用经费将直接形成推动教育发展的物质内容，通常情况下它们都是制约教育发展的最为直接的短板。因此，本书将生均公用经费作为"十三五"时期天津教育发展规划制定的重要内容。从常理上讲，测算生均公用经费及其每年教育公用经费投入总额，需要考虑众多因素，比如在校生规模、历史数据、参照对象数据、财政支出增速、物价上涨幅度等，但最直接的因素恐怕还是过去生均公用经费数额，再进行适当调整，应对能够产生比较准确的"十三五"时期各年教育生均公用经费预计数额。而现在官方确实在按年公布各个教育阶段的生均教育公用经费数额，这就为我们测算未来数据提供了有利条件。考虑到财政对教育公用经费投入状况也主要与财政支出能力相联系，而我国经济运行将在今后较长时间内进入新常态，财政支出能力将会有所下降，因此需要设置调整系数对测算结果进行调整，使测算结果最大限度地与实际状况相适应。该系数依然用 2013～2015 年财政支出平均增速与 2002～2015 年平均增速之比，即 0.63。

（三）测算结果

首先依据测算公式（5.8）测算各个教育阶段生均公用经费数额，测算结果如表 5.12～表 5.16 所示。每个表格左侧是"十二五"时期各个教育阶段生均公用经费投入实际数，据此可以测算出五年间年均增速（普通小学、普通初中、普通高中、中等职校、普通高校生均公用经费平均增速分别为 17.7%、20.82%、36.19%、17.47%、3.85%);右侧则是根据测算出的平均增速,再根据调整系数 0.63 对该增速进行调整后,得出的"十三五"时期各年份生均公用经费数额。

表 5.12   天津"十三五"时期各年份普通小学生均公用经费测算

年份	"十二五"时期普通小学生均公用经费实际金额(元)	年份	"十三五"时期普通小学生均公用经费平均增速(%)	"十三五"时期普通小学生均公用经费测算额(元)
2011	2272.52	2016		4244.66
2012	3353.70	2017	11.15	4606.79
2013	3788.90	2018	11.15	5120.45
2014	3968.87	2019	11.15	5691.38
2015	4361.41	2020	11.15	6325.97

资料来源:2011~2016 年天津普通小学人均公用经费数额来自 Wind 金融终端数据库。"十三五"时期生均公用经费年均增速数据是根据"十二五"时期平均增速 17.7%,再利用调整系数 0.63 调整后得到。但 2016 年数据是实际发生数。

表 5.13   天津"十三五"时期各年份普通初中生均公用经费测算

年份	"十二五"时期普通初中生均公用经费实际数额(元)	年份	"十三五"时期普通初中生均公用经费平均增速(%)	"十三五"时期普通初中生均公用经费测算额(元)
2011	2983.13	2016		5790.51
2012	4477.88	2017	13.12	6550.22
2013	5379.93	2018	13.12	7409.61
2014	6134.37	2019	13.12	8381.75
2015	6356.92	2020	13.12	9481.44

资料来源:2011~2016 年天津普通初中人均公共财政预算公用经费数额来自 Wind 金融终端数据库。"十三五"时期生均公用经费年均增速数据是根据"十二五"时期平均增速 20.82%,再利用调整系数 0.63 调整后得到。但 2016 年数据是实际发生数。

表 5.14　　　　天津"十三五"时期各年份普通高中生均公用经费测算

年份	"十二五"时期普通高中生均公用经费实际数额（元）	年份	"十三五"时期普通高中生均公用经费平均增速（%）	"十三五"时期普通高中生均公用经费测算额（元）
2011	3099.90	2016		7977.08
2012	3748.96	2017	22.8	9755.33
2013	5562.89	2018	22.8	11979.55
2014	10411.54	2019	22.8	14710.89
2015	10677.92	2020	22.8	18064.97

资料来源：2011~2016 年天津普通高中人均公共财政预算公用经费数额来自 Wind 金融终端数据库。"十三五"时期生均公用经费年均增速数据是根据"十二五"时期平均增速 36.19%，再利用调整系数 0.63 调整后得到。但 2016 年数据是实际发生数。

表 5.15　　　　天津"十三五"时期各年份中等职业学校生均公用经费测算

年份	"十二五"时期中等职业学校生均公用经费实际数额（元）	年份	"十三五"时期中等职业学校生均公用经费平均增速（%）	"十三五"时期中等职业学校生均公用经费测算额（元）
2011	2981.70	2016		7212.38
2012	4054.30	2017	17.31	8460.84
2013	5797.35	2018	17.31	9925.41
2014	5918.03	2019	17.31	11643.5
2015	7882.16	2020	17.31	13658.99

资料来源：2011~2016 年天津中等职业学校人均公共财政预算公用经费数额来自 Wind 金融终端数据库。"十三五"时期生均公用经费年均增速数据是根据"十二五"时期平均增速 27.47%，再利用调整系数 0.63 调整后得到。但 2016 年数据是实际发生数。

表 5.16　　　　天津"十三五"时期各年份普通高校生均公用经费测算

年份	"十二五"时期普通高校生均公用经费实际数额（元）	年份	"十三五"时期普通高校生均公用经费平均增速（%）	"十三五"时期普通高校生均公用经费测算额（元）
2011	10850.65	2016		9690.57
2012	13264.04	2017		13382.15
2013	15135.72	2018	2.43	13707.34

年份	"十二五"时期普通高校生均公用经费实际数额（元）	年份	"十三五"时期普通高校生均公用经费平均增速（%）	"十三五"时期普通高校生均公用经费测算额（元）
2014	10224.68	2019	2.43	14040.43
2015	12624.05	2020	2.43	14381.61

资料来源：2011～2017年天津普通高校人均公共财政预算公用经费数额来自Wind金融终端数据库。"十三五"时期生均公用经费年均增速数据是根据"十二五"时期平均增速3.85%，再利用调整系数0.63调整后得到。但2016年和2017年数据是实际发生数。之所以2017年的数据没有像其他教育阶段一样使用平均增速进行测算，主要由于该年的实际数据远高于测算数据，为了使后续年份测算值与实际值最大限度接近，该年直接使用实际数据了。

　　然后我们再依据测算公式（5.9）测算"十三五"时期各年份教育公用经费投入规模。鉴于主要教育阶段生均公用经费额度已经测算完毕，我们只需测算出各年份各个教育阶段在校生人数，即可得出各个教育阶段公用经费总额，进而可以方便地测算出各年份全部教育公用经费总额。各教育阶段公用经费投入数额测算公式如下：

$$某教育阶段公用经费总额 = 该教育阶段生均公用经费额度$$
$$× 该教育阶段在校生人数 \qquad (5.10)$$

　　其中，该教育阶段在校生人数 = 前一年在校生人数 ×（1 + 年均增速）

　　在校生年均增速通过测算该教育阶段"十二五"时期在校生平均增速得到，测算结果是天津普通小学、普通初中、普通高中、中等职业、普通高校在校生人数年均增速分别是3.8%、−0.05%、−2.8%、−1.88%、3.36%。

　　"十三五"时期各教育阶段公用经费规模测算过程如表5.17~5.21所示。

表5.17　　　天津"十三五"时期各年份普通小学公用经费规模测算

年份	"十二五"时期普通小学在校生人数（人）	年份	"十三五"时期普通小学在校生人数（人）	"十三五"时期各年份普通小学生均公用经费测算额（元）	"十三五"时期各年份普通小学公用经费规模测算额（亿元）
2011	518531	2016	631195	4244.66	26.7921
2012	532282	2017	655180	4606.79	30.1828

续表

年份	"十二五"时期普通小学在校生人数（人）	年份	"十三五"时期普通小学在校生人数（人）	"十三五"时期各年份普通小学生均公用经费测算额（元）	"十三五"时期各年份普通小学公用经费规模测算额（亿元）
2013	552116	2018	680077	5120.45	34.8230
2014	573187	2019	705920	5691.38	40.1766
2015	602144	2020	732745	6325.97	46.3532
—	—	"十三五"公用经费合计	—	—	178.3277

资料来源：2016年普通小学在校生人数和生均公用经费数据均为实际数据，其他年份在校生人数均是依据上年数字乘以年均增速3.8%得到。普通小学生均公用经费额度来自表5.12。

表5.18　　　　天津"十三五"时期各年份普通初中公用经费规模测算

年份	"十二五"时期普通初中在校生人数（人）	年份	"十三五"时期普通初中在校生人数（人）	"十三五"时期各年份普通初中生均公用经费测算额（元）	"十三五"时期各年份普通初中公用经费规模测算额（亿元）
2011	261954	2016	256383	5790.51	14.8459
2012	256541	2017	256255	6550.22	16.7853
2013	260710	2018	256127	7409.61	18.9780
2014	267214	2019	255999	8381.75	21.4572
2015	261474	2020	255871	9481.44	24.2603
—	—	"十三五"公用经费合计	—	—	96.3267

资料来源：2016年普通初中在校生人数和生均公用经费数据均为实际数据，其他年份在校生人数均是依据上年数字乘以年均增速 -0.05%得到。普通初中生均公用经费额度来自表5.13。

表 5.19 **天津"十三五"时期各年份普通高中公用经费规模测算**

年份	"十二五"时期普通高中在校生人数（人）	年份	"十三五"时期普通高中在校生人数（人）	"十三五"时期各年份普通高中生均公用经费测算额（元）	"十三五"时期各年份普通高中公用经费规模测算额（亿元）
2011	185461	2016	163974	7977.08	13.0803
2012	181235	2017	159383	9755.33	15.5483
2013	175144	2018	154920	11979.55	18.5587
2014	169606	2019	150582	14710.89	22.1520
2015	165561	2020	146366	18064.97	26.4410
—	—	"十三五"公用经费合计	—	—	95.7803

资料来源：2016年普通高中在校生人数和生均公用经费数据均为实际数据，其他年份在校生人数均是依据上年数字乘以年均增速 −2.8% 得到。普通高中生均公用经费额度来自表5.14。

表 5.20 **天津"十三五"时期各年份中等职业学校公用经费规模测算**

年份	"十二五"时期中等职业学校在校生人数（人）	年份	"十三五"时期中等职业学校在校生人数（人）	"十三五"时期各年份中等职业学校生均公用经费测算额（元）	"十三五"时期各年份中等职业学校公用经费规模测算额（亿元）
2011	120000	2016	122900	7212.38	8.8640
2012	120000	2017	120589	8460.84	10.2028
2013	118300	2018	118322	9925.41	11.7439
2014	113700	2019	116098	11643.5	13.5179
2015	119100	2020	113915	13658.99	15.5596
—	—	"十三五"公用经费合计	—	—	59.8882

资料来源：有必要指出的是，"十二五"时期中等职业学校在校生人数平均增速是通过用2015年的数据与2007年的数据对比做出的，原因在于2008年的数据似不太正常，比2007年的数据增幅太高，而且2009～2012年的在校生数据缺失，为相对准确，只得采用跨期测算的办法。2011年和2012年的数据是作者根据其他年份的数据主观赋予的。2016年中等职业学校在校生人数和生均公用经费数据均为实际数据，其他年份在校生人数均是依据上年数字乘以年均增速 −1.88% 得到。中等职业学校生均公用经费额度来自表5.15。

表5.21 　　　　天津"十三五"时期各年份普通高校公用经费规模测算

年份	"十二五"时期普通高校在校生人数（人）	年份	"十三五"时期普通高校在校生人数（人）	"十三五"时期各年份普通高校生均公用经费测算额（元）	"十三五"时期各年份普通高校公用经费规模测算额（亿元）
2011	495802	2016	513842	9690.57	49.7942
2012	521614	2017	531107	13382.15	71.0735
2013	540519	2018	548952	13707.34	75.2467
2014	557195	2019	567397	14040.43	79.6650
2015	565854	2020	586462	14381.61	84.3427
—	—	"十三五"公用经费合计	—	—	360.1221

　　资料来源：2016年普通高校在校生人数和生均公用经费数据均为实际数据，其他年份在校生人数均是依据上年数字乘以年平均增速3.36%得到。普通高校生均公用经费额度来自表5.16。另外，普通高校在校生包括在校研究生和在校本科生、专科学生总和。

　　根据如表5.17～5.21各表关于"十三五"时期各个年份主要教育阶段公用经费测算情况，表5.22将它们汇集成为整个"十三五"时期各年份、各主要教育阶段教育公用经费预计额度，并最终汇总形成全部"十三五"时期天津教育公用经费总计划额度。

表5.22 　　　　　天津"十三五"时期教育公用经费规模测算汇总 　　　　　单位：亿元

年份	公用经费教育投入规模测算（1）	主要教育阶段	公用经费教育投入规模测算（2）
2016	113.3765	普通小学	178.3277
2017	143.7927	普通初中	96.3267
2018	159.3503	普通高中	95.7803
2019	176.9687	中等职业	59.8882
2020	196.9568	普通高校	360.1221
合计	790.4450	合计	790.4450

　　有必要说明的是，上述测算口径只是针对主要教育阶段的公用经费规模，

实际上，现实中还有大量的学前教育、特殊教育、民办教育、继续教育等教育层次；上述测算只是针对由财政支付的公用经费规模，而其他资金来源渠道（民办学校、社会捐赠、学杂费、其他等）也有部分是用于公用经费的。因此上述测算接受只能是关于教育公用经费规模的不太完整版本。

六、天津市"十三五"时期高等教育收费标准变动情况

高等教育位于教育体系的顶端，是最为典型的非义务教育阶段，在该阶段中注入更多的市场因素，比如收取学杂费、开放民办教育等，是题中应有之义。我国自1989年开始收取高校学费，从一开始的年收费200元，占天津当年城镇居民人均可支配收入的14%、农村居民人均纯收入的20%，到2017年最低学费占比分别是11%～19%，最高学费占比是15%～29%。对一些中低收入家庭来说，不断上涨的高校学费标准，已经成为一个沉重的经济负担，如果再加上更加市场化的生活成本的话，高校求学成本更是不堪重负。

（一）测算公式

依据测算因素不同，高等学校"十三五"时期收费标准的测算公式可以有两个版本，其中测算公式（5.11）侧重从居民家庭收入增速角度加以测算，测算公式（5.12）侧重从学费与居民收入比例的角度进行测算。

2016～2020年各年高校收费标准＝{上年收费标准×[1＋（天津过去城市居民人均收入增幅＋天津过去农村居民纯收入增幅）÷2×政策调整系数]}×（1＋天津CPI平均涨幅）　　　　　　　　　　　　　　　　　　　（5.11）

2016～2020年各年高校收费标准＝各年居民收入预测值×（1＋天津"十二五"时期学费标准占居民收入的平均比重）　　　　　　　　（5.12）

式（5.12）中各年居民收入预测值是由上年居民收入乘以平均增速得出，而平均增速则是天津居民收入2013～2015年的平均增速，此前两年没有统一的居民收入数据。

（二）理论依据

在高等教育资金来源中，收取学费越来越成为一个重要组成部分，这也符

合高等教育的非义务教育属性。而收费标准高低也反向制约财政教育投入规模和水平。该公式只是从需求者角度（学生家庭缴费可能性）测算高校收费标准的可能变动情况，至于从需求角度和政策角度如何具体确定该标准尚未讨论。一方面，在上年收费标准既定基础上，收费标准调整与居民收入增幅和CPI 变动幅度直接相关；另一方面，未来较长时期的变动趋势在根本上也取决于经济运行态势。依然是考虑到我国经济将在较长时间内位于"新常态"，增速将较长时期保持在中高速，甚至是 6% 左右的偏低增速也必须列入考虑范围，因此，从增长结构上看，我国很有可能进入一个"中低经济增长、中低收入增长、低物价"的"三低"宏观经济格局，我国居民长久收入态势肯定不会特别乐观。因此，我们在制定高等学校学费收取标准时，必须充分考虑居民收入、经济增长和物价变动情况，还要充分考虑收入分配结构和居民生活质量（如恩格尔系数），将学费收取标准确定在能够保持高等教育供求大体平衡，尤其是需求方能够接受的水平上。

（三）支持数据与预测结果

首先利用测算式（5.11）对"十三五"时期天津高等院校学费收取标准进行测算。其中关于上年收费标准将直接从天津发改委网站取得，考虑到具体收费标准与学校归属和专业性质等直接相关①，故此测算时分为最低标准和最高标准两项。天津各年居民人均收入数据是根据相关统计资料，将城镇居民人均可支配收入增幅与农村居民人均纯收入分别填列得到，预测值计算时使用2002～2015 年该指标年均增速。物价因素将采用"十二五"时期全国 CPI 平均涨幅（经测算，五年平均 CPI 为 2.8%）。我们将使用 2013～2015 年进入"新常态"后的经济平均增速与 2002～2012 年平均增速之比作为调整系数，对2016～2020 年高等教育收费标准的可能走向进行调整，根据本章第一部分的

---

① 根据天津发改委网站公布，2014 年天津大学本科生收费标准调整如下：文科类：市属院校每生每学年 4400 元，部属院校每生每学年 5200 元。理工外语类：市属院校每生每学年 5400 元，部属院校每生每学年 5800 元。医学类：市属院校每生每学年 5800 元，部属院校每生每学年 6200 元。另外还有艺术类，具体分为艺术学理论、设计学和其他三个类别，学费标准分别是 10000 元、12000 元和15000 元。但考虑到艺术类学生人数有限，学费标准没有代表性，在此只用前三类学生学费标准作为分析对象。

测算，这两个数据分别是 8.66% 和 19.62%，故调整系数为 0.44。支持数据的取得过程如表 5.23 所示。

根据表 5.23 数据不难计算出 2002～2015 年天津农村人均纯收入平均增速为 11.91%，城镇居民人均可支配收入年均增速为 10.48%。

表 5.23　　　　　　　天津高校收费标准及其与居民收入相互关系

年份	各年收费标准（一般专业最低标准）（元）	各年收费标准（一般专业最高标准）（元）	农村居民人均纯收入（元）	城镇居民人均可支配收入（元）
2002	3200	4200	4278.7	9337.6
2003	3200	4200	4566.0	10312.9
2004	3200	4200	5019.5	11467.2
2005	3200	4200	5579.9	12638.6
2006	3200	4200	6227.9	14283.1
2007	3200	4200	7010.1	16357.4
2008	3200	4200	7910.8	19422.5
2009	3200	4200	8687.6	21402.0
2010	3200	4200	10074.9	24292.6
2011	3200	4200	12321.2	26920.9
2012	3200	4200	14025.5	29626.4
2013	3200	4200	15352.6	28979.8
2014	4400	6200	17014.2	31506.0
2015	4400	6200	18481.6	34101.4

资料来源：各年高等学校学费收取标准来自天津发改委网站。居民收入数据来自国家统计局网站，其中 2013～2015 年数据系按照统计局新方法核算的结果。

将上述各因素的取值代入测算公式（5.11），得到表 5.24 的"十三五"时期各年份的天津高校学费收费标准预测数值（其中 2016～2018 年为实际值）。具体计算过程以 2019 年预计学费最低标准为例：

2019 年学费最低标准 = 4400 × [1 + (11.91% + 10.48%) ÷ 2 × 0.44]

× (1 + 2.8%) = 4400 × 1.0493 × 1.028

= 4746（元）

表 5.24 　　　　2016～2020 年天津高等教育收费标准预测数值测算　　　单位：元

年份	各年收费标准（最低标准测算）	各年收费标准（最高标准测算）
2016	4400	6200
2017	4400	6200
2018	4400	6200
2019	4746	6688
2020	5119	7214

注：2016～2018 年采用实际数据，后两年采用式（5.11）进行测算。

其次，我们再利用式（5.12）测算公式对天津"十三五"时期各年高等学校学费标准进行测算，测算结果如表 5.25～表 5.26 所示。依然以 2019 年最低学费标准为例对测算过程加以演示。

表 5.25 　　　　天津"十二五"各年高校收费标准占居民收入比重

年份	一般专业最低标准占居民收入比重			一般专业最高标准占居民收入比重		
	最低标准/农村居民人均纯收入	最低标准/城镇居民人均可支配收入	最低标准/居民人均收入平均比重	最高标准/农村居民人均纯收入	最高标准/城镇居民人均可支配收入	最高标准/居民人均收入平均比重
2011	0.26	0.12	0.15	0.34	0.16	0.20
2012	0.23	0.11	0.13	0.30	0.14	0.17
2013	0.21	0.11	0.13	0.27	0.15	0.17
2014	0.26	0.14	0.16	0.36	0.20	0.23
2015	0.24	0.13	0.15	0.36	0.18	0.22
平均比重	—	—	0.144	—	—	0.20

资料来源：各年高等学校学费收取标准数据和居民收入数据来自表 5.23。因为我国只是在 2013 年后才开始启用统一的居民收入数据，此前只有城镇和农村居民收入数据，因此本表数据沿用表 5.23 中的两项收入数据加以换算。根据计算，天津城镇居民人口占总人口比重达到 80%，因此，按照城镇居民收入权重 0.8 和农村居民收入权重 0.2 来测算"十二五"时期每年学费标准占居民人均收入比重，进而得出 5 年平均的学费占居民收入比重，作为测算"十三五"时期各年最低学费和最高学费的依据。

表 5.26   **2016～2020 年天津高等教育收费标准预测数值测算**   单位：元

年份	天津居民收入测算值	最低收费标准测算值	最高收费标准测算值
2016	34074.46	4400	6200
2017	37022.33	4400	6200
2018	40354.34	4400	6200
2019	43986.23	6334	8797
2020	47944.99	6904	9589

资料来源：2016～2018 年与表 5.24 一样采用实际学费数据，后两年采用公式（5.11）进行测算。居民收入数据 2016～2017 年采用实际数据，其他为测算数据。2013～2015 年天津居民收入年均增速 9%。

上述两个公式的测算结果有一定差距，大约 25%，我们将此数据得出后，可以提交决策部门相机抉择。但我们的倾向性依据是根据表 5.26 的数据作为学费标准调整依据。首先，因为高等教育毕竟是非义务教育阶段，让受教育者分担一定的办学成本有理论依据；其次，学费标准占居民收入比重在 14%～20%，并不超过居民负担能力；再者，国家依然可以通过大力度地对贫困家庭转移支付实现求学能力的相对公平；最后，即使我们将学费标准维持在居民收入的 14%～20%，恐怕也不会达到办学成本 1/3，高等教育的产品属性依然是财政补偿为主的准公共品。另外，我们建议有关部门更加规范地进行高等学校学费标准调整工作，不要过分"任性"，单凭决策层好恶或"心血是否来潮"来实施学费标准调整工作。建议或者每 5 年进行一次学费标准调整或者是将每年学费标准指数化，以居民收入增速和物价波动幅度作为调整系数，由权威机构发布每年学费调整的权威依据，由高等院校自主决策。

七、天津市"十三五"主要教育阶段教育投入与财政投入规模测算

本章第一、第二部分曾经对"十三五"时期各年天津教育经费投入总额和财政性教育经费投入总额进行测算，我们现在主要依据在校生规模，并依据不同教育阶段学生生均经费的不同得出的调整系数，对主要教育阶段的教育投入规模和财政性教育经费规模进行测算。所谓主要教育阶段在此指普通小学、

普通初中、普通高中、中等职业、普通高校五个教育阶段。

基本测算原理是：首先对各教育阶段学生调整系数进行测算，依据是2016～2017年生均一般公共预算教育事业费实际数之间的相对关系；然后根据2016～2017年的各教育阶段实际的在校生人数和调整系数测算出在校生比例，也就是全部教育投入和全部财政性教育投入比例在各教育阶段之间的划分比例；最后顺理成章地根据本章第一、第二两节测算结果具体测算出各教育阶段的两项投入规模，具体测算过程如表5.27～表5.29所示。

表5.27　　　2016～2017年天津生均一般公共预算教育事业费相关关系

年份	普通小学（元）	普通初中（元）	普通高中（元）	中等职业（元）	普通高校（元）	平均标准（元）
2016	18284	29962	31425	31425	19581	
2017	18684	30950	34528	34528	23422	
合计	36968	60912	65953	65953	43003	54558
调整系数	0.68	1.16	1.21	1.21	0.79	

注：调整系数指对各教育阶段在校生人数进行标准化调整的系数。

资料来源：2016～2017年生均拨款数据均为实际数据，来源于Wind数据库和国家统计局网站。

表5.28　　　　2016～2017年天津各教育阶段在校生人数调整

年份	普通小学（个）	普通初中（个）	普通高中（个）	中等职业（个）	普通高校（个）	总标准人数（人）
2016	631195	256383	163974	122900	568342	
2017	648000	262200	163600	98400	569200	
合计	1279195	518583	327574	221300	1137542	
调整系数	0.68	1.16	1.21	1.21	0.79	
标准人数（人）	869853	601556	396365	267773	898658	3034205
分配比例（%）	28.67	19.83	13.06	8.83	29.61	100

注：调整系数指对各教育阶段在校生人数进行标准化调整的系数。

资料来源：2016～2017年天津各阶段在校生人数为实际数据，来自国家统计局网站和Wind数据库。

　　因为本章第一、第二节测算的天津"十三五"时期各年份教育投入和财政性教育投入数据均包括除上述五个主要教育阶段外的其他教育阶段，如特殊教育、成人教育，尤其是学前教育阶段，而学前教育阶段的投入总额或生均拨款数据均无从查到，因此，在此使用学前教育阶段在园人数占总在校生人数的比重作为其他教育阶段获取教育投入的比重，将其减除后就是上述五个主要教育阶段教育投入总的和财政性教育投入总额的数额。通过计算 2016 年和 2017 年两年的在校生数据，可以得出上述五个阶段在校生人数占总在校生人数比为 86.32%，我们根据表 5.3 和表 5.6 的教育总投入和财政性教育投入数据与该比例相乘，自然可以得出天津"十三五"时期各年上述五个教育阶段投入总额，再根据表 5.28 测算出的划分比例，能够得到各主要教育阶段两个口径的各年份投入规模（见表 5.29 和表 5.30）。

表 5.29　　　　　　天津"十三五"各年各教育阶段教育投入规模　　　　单位：亿元

年份	教育投入总额	普通小学	普通初中	普通高中	中等职业	普通高校
2016	540	155	107	71	48	159
2017	603	173	120	79	53	178
2018	674	193	134	88	60	199
2019	753	216	149	98	66	224
2020	841	241	167	110	74	249

表 5.30　　　　　　天津"十三五"各年各教育阶段财政性教育投入规模　　　　单位：亿元

年份	财政性教育投入总额	普通小学	普通初中	普通高中	中等职业	普通高校
2016	469	134	93	61	41	140
2017	523	150	104	68	46	155
2018	583	167	116	76	51	173
2019	653	187	129	85	58	194
2020	729	209	145	95	64	216

　　稍有遗憾的是，上述关于各教育阶段教育投入和财政性教育投入规模的测

算，并未对学前教育阶段（幼儿园）的投入数据进行测算，然而，学前教育阶段的重要性已经越来越被认可，财政保障程度越来越高。根据《天津市教委、市财政局、市统计局关于 2017 年天津教育经费执行情况统计公告》中的数据，2016~2017 年，天津幼儿园生均一般公共预算教育事业费由 14224.03 元增加到 18192.28 元，增长 27.90%；幼儿园生均一般公共预算公用经费支出由 4062.83 元增加到 5773.23 元，增长 42.10%。在园幼儿人数也维持在 26 万多人。只是由于详细经费数据的难以获取，详细的数据测算过程只能或缺。我们可以将表 5.3 和表 5.6 中测算的总投入和财政性教育投入数据减去表 5.29、表 5.30 的主要教育阶段的投入数据后，近似地得出学前教育阶段的投入数据。

第六章

天津市"十三五"教育投入
指标汇总与理论总结

经过本书前面五章的测算以及对我国与天津相关教育投入问题的详细阐述，我们可以对天津"十三五"时期各年教育投入的各项指标进行归纳汇总，作为对天津编制"十三五"教育经费保障及其各项投入指标的建议。另外，在这些投入指标背后我们也形成了诸多与教育产品提供与教育事业发展密切关联的理论见解，在此一并整理出来，就教于各位读者。

一、天津"十三五"时期教育投入各项指标汇总

表6.1~表6.6将第五章测算的天津"十三五"时期各项教育投入指标进行了汇总整理，其中既有总量指标，又有主要阶段性指标和人（生）均指标，基本上对天津"十三五"教育投入状况进行了全景式描述。

表6.1　　　　天津"十三五"时期各年各项教育投入指标（一）

年份	教育总投入规模测算（亿元）	财政性教育投入规模测算（亿元）	人均教育总投入规模（元）	人均财政性教育投入规模（元）	生均教育总投入规模（元）	生均财政性教育投入规模（元）
2016	626	543	4008	3476	31113	26988
2017	699	606	4489	3892	34527	29933
2018	781	677	4854	4208	37877	32833

年份	教育总投入规模测算（亿元）	财政性教育投入规模测算（亿元）	人均教育总投入规模（元）	人均财政性教育投入规模（元）	生均教育总投入规模（元）	生均财政性教育投入规模（元）
2019	872	756	5244	4546	41522	35998
2020	974	845	5666	4916	45536	39505
合计	3952	3427				

注：根据教育部、国家统计局、财政部印发的《关于 2017 年全国教育经费执行情况统计公告》，从 2017 年起，将"公共财政预算安排的教育经费"修改为"一般公共预算安排的教育经费"；将"公共财政教育经费"修改为"一般公共预算教育经费"，也就是表 6.1 中的财政性教育投入指标；将"生均公共财政预算教育事业费"修改为"生均一般公共预算教育事业费"；将"生均公共财政预算公用经费"修改为"生均一般公共预算公用经费"。

表 6.2　　　　天津"十三五"时期各年各项教育投入指标（二）　　　单位：亿元

年份	普通小学教育投入规模	普通初中教育投入规模	普通高中教育投入规模	中等职业学校教育投入规模	普通高校教育投入规模
2016	155	107	71	48	159
2017	173	120	79	53	178
2018	193	134	88	60	199
2019	216	149	98	66	224
2020	241	167	110	74	249
合计	978	677	446	301	1009

表 6.3　　　　天津"十三五"时期各年各项教育投入指标（三）　　　单位：亿元

年份	普通小学财政性教育投入规模	普通初中财政性教育投入规模	普通高中财政性教育投入规模	中等职业学校财政性教育投入规模	普通高校财政性教育投入规模
2016	134	93	61	41	140
2017	150	104	68	46	155
2018	167	116	76	51	173
2019	187	129	85	58	194
2020	209	145	95	64	216
合计	847	587	385	260	878

表6.4 　　　　天津"十三五"时期各年各项教育投入指标（四）　　　单位：亿元

年份	主要教育阶段公用经费投入规模	普通小学公用经费投入规模	普通初中公用经费投入规模	普通高中公用经费投入规模	中等职业学校公用经费投入规模	普通高校公用经费投入规模
2016	113.3765	26.7921	14.8459	13.0803	8.8640	49.7942
2017	143.7927	30.1828	16.7853	15.5483	10.2028	71.0735
2018	159.3503	34.8230	18.9780	18.5587	11.7439	75.2467
2019	176.9687	40.1766	21.4572	22.1520	13.5179	79.6650
2020	196.9568	46.3532	24.2603	26.4410	15.5596	84.3427
合计	790.4450	178.3277	96.3267	95.7803	59.8882	360.1221

注：所谓主要教育阶段仅包括普通小学、普通初中、普通高中、中等职业学校、普通高校五个阶段，不包括学前教育、成人教育、特殊教育等。

表6.5 　　　　天津"十三五"时期各年各项教育投入指标（五）　　　单位：元

年份	普通小学生均公用经费数额	普通初中生均公用经费数额	普通高中生均公用经费数额	中等职业学校生均公用经费数额	普通高校生均公用经费数额
2016	4244.66	5790.51	7977.08	7212.38	9690.57
2017	4606.79	6550.22	9755.33	8460.84	13382.15
2018	5120.45	7409.61	11979.55	9925.41	13707.34
2019	5691.38	8381.75	14710.89	11643.5	14040.43
2020	6325.97	9481.44	18064.97	13658.99	14381.61

表6.6 　　　　天津"十三五"时期高等教育收费标准调整测算　　　单位：元

年份	各年收费标准（最低标准测算）	各年收费标准（最高标准测算）
2016	4400	6200
2017	4400	6200
2018	4400	6200
2019	6334	8797
2020	6904	9589

注：2016~2018年学费标准均为实际数。

二、理论总结与现实反思

在对天津"十三五"时期各项教育投入数据进行测算的同时，我们对关于我国教育事业发展的若干理论问题和现实状况也进行了认真思考，形成以下看法。

（一）经济发展是决定教育投入保障程度的根本因素

前面章节曾经分析过，经济与教育投入的关系原理和经济与财政（也包括其他分配范畴和社会范畴）关系原理是相同的，即经济是源，教育投入是流；经济是根，教育投入是叶。源远才能流长，根深才能叶茂。我国教育投入规模可以从 1991 年的 732 亿元增加到 2017 年的 42562 亿元，增加 57 倍，年均增长 17%（现价），根本的原因就是经济规模由 22000 亿元增加到近 83 万亿元，年均增长 15%。同样的道理也可以解释天津经济发展与教育投入的关系。天津教育投入可以从 2002 年的 98 亿元增加到 2017 年 585 亿元，年均增长 12.7%，主要原因也就是天津地区生产总值由 2151 亿元增加到 18549 亿元，年均递增 15.4%。同理，也正因为天津经济发展近几年有些不太景气，地区生产总值增长速度由原来的屡屡超过 10%，到 2015～2017 年的 9.3%、9.1%、3.6%，方才导致教育投入由 2014 年的 633 亿元，一路下滑到 2017 年 585 亿元，3 年间不仅没有增长，还反而下降了 7.6%。经济运行的反常性下滑，导致教育投入的反常性不足，导致我们依照正常情况测算的教育投入数据出现很大出入。

（二）制度建设、执行状况是决定教育投入的直接因素

在现代社会中，制度建设和执行情况是反映社会尤其是拥有决定权的社会主体对事物重视程度的主要表现。首先，相关制度的建设情况是决定教育投入状况的前提条件。在《中华人民共和国教育法》《中华人民共和国义务教育法》《中华人民共和国高等教育法》《中华人民共和国民办教育促进法》《国家中长期教育改革和发展规划纲要（2010～2020 年)》等重要法律和制度文件出台之

前，教育投入对决策层的约束强度是明显不够的，教育投入也就不可能有保证，反映在教育投入特别是财政性教育投入占 GDP 和财政总支出的比重就长期低水平徘徊，比如在上述规划纲要对财政性教育投入必须在 2012 年达到经济总量4％的时限到达之前，我国财政性教育投入比重持续在4％以下，2009～2011 年分别为3.5％、3.6％和3.8％，就是不跨过4％的约束比例，而在规划纲要要求的达标日期到达后，财政性投入强度马上就跨越4％的约束红线了，2012 年财政性教育经费占 GDP 比重达到4.3％，而后年年都在4％比例之上。其次，规章制度执行的严格程度是决定教育投入的现实条件。包括法律、规章等在内的规章制度的执行力是判断一国法治化程度的根本标准，有章不循、有法不依是"人治"的典型表现，更是对法律和规章的嘲弄。其实，我国远在1986 年就颁布了简装版的《中华人民共和国义务教育法》，远在 1995 年就颁布了《中华人民共和国教育法》，但这些法律条款均比较粗线条，如对义务教育的实行时间交由"省、自治区、直辖市根据本地区的经济、文化发展状况，确定推行义务教育的步骤"，对教育经费保障只是笼统地表达为"国家财政性教育经费支出占国民生产总值的比例应当随着国民经济的发展和财政收入的增长逐步提高。具体比例和实施步骤由国务院规定"。在这些莫衷一是的预算软约束的环境下，无论是中央财政还是地方财政，均不约而同地选择了机会主义行为方式，尽可能地将财政性教育支出压缩在最低限度，长期置义务教育属性于不顾，让各种乱收费在教育特别是所谓的义务教育阶段大行其道，美其名曰"我国在初级阶段有限财力难以应付庞大的教育规模的需要"，殊不知，对教育的经费保障强度尽管与发展水平有内在联系，但关键是教育支出在各经费支出中的排序问题。因此，我们要真正将教育经费投入比例随着经济发展而不断提高，必须强化法治建设，硬化红线约束，不能留给相关决策者以太大的伸缩弹性。

（三）理论研究深度对教育投入保障发挥重要的基础作用

正如本书第一章阐述的那样，教育总体上属于准公共品或称混合物品，其中义务教育阶段基本属于纯公共品（但当前条件下也不再是纯粹公共品了，受多种因素影响，即使是义务教育阶段家庭也往往会支付可观的校内外成本），非义务教育阶段则公共性程度较低一些。但只是在理论上明确了教育是准公共品，操作层面并不能解决混合比例等实践问题。理论上只是泛泛指出，教育事业发展不仅给受教育者带来实实在在的经济利益，还对整个社会带来数不清的宏观利益，导致人们对教育事业发展与经济社会发展的内在联系总是处在比较模糊的境地，难以将教育发展对经济社会发展的促进作用很清晰地联系起来，不由自主地将二者在资金投入上的关系理解为此消彼长关系，在相当长时间内，人们将发展基本等同于经济发展，教育投入总是被排在资金满足的偏后序列。因此，理论界应当通过定量分析方法将教育发展与经济社会发展的密切联系呈现出来，并通过纵向比较和横向比较将这种关系的现实表现清晰地展现出来，使人们建立"教育兴则经济兴""教育发达则社会发展"的理念，使之成为提升教育投入保障的习惯性依据。再者，教育是准公共品，但对其公共性程度或私人性程度应该有比较清晰的界定，特别是不同教育阶段的公共性程度更是要给出量化解释，尽量减少人们在投入决策以及学杂费标准抉择的相机性。目前人类社会已经进入大数据时代，我们应该通过对人们消费结构的精确模拟，对教育偏好的准确描述，对学费标准的科学确定，对教育投入规模和财政性教育投入规模以及结构的科学测算，将教育投入相关因素的关系准确确定下来，给教育投入规模、比例、人均投入指标等的确定提供坚实的理论基础。

（四）社会呼声的强烈程度对教育投入发挥促进作用

教育发展程度关乎社会上几乎每一个人的福祉，也关乎各行各业的兴衰。对一个国家来说，教育发展程度关乎该国长久发展能力，关乎该国在全球的影响力，也关乎该国在全球产业链条中的主动性。国民受教育程度也是衡量国民素质的主要指标，也是决定劳动能力强弱、未来发展机会多寡、收入和财富状况等的最主要因素。因此，国家对教育的重视程度，政府财政对教育的投入保障程度，应该为所有国民和所有社会成员所关注，并通过各种渠道（人大、政协、网络、座谈、问卷、科研、发言、直书等）表达自己的诉求，使自己的诉求能够从各个方向到达"天庭"，影响甚至决定财政投入保障程度。千万不要寄希望于"免费搭车"，将自己受教育权利的维护放在别人身上，放任自己的小市民心态无限制发酵，幻想将争取自身教育权力的风险由别人承担，自己安享别人争取来的教育权利。殊不知，如果大家都这样想、这样做的话，没人主动发声表达自己在教育投入保障方面的诉求，那民众关于教育投入保障的真实想法就无从传递给决策者，也得不到决策层的响应，不只个体的受教育权力会有一定程度的受损，也会在宏观上影响国家教育事业发展，并从长远角度影响国家、民族在世界的地位。更何况，现代国家本质上都是体现公众本质意志、长远意志、集体意志的国家，为人民服务更是我国党和政府的根本宗旨，如果政府能够准确获得民众的普遍呼声，肯定会在决策上体现出来的。

（五）其他国家对教育投入的保障程度会对我国形成强烈示范

自从我国改革开放以来，观察、解剖、学习、吸收其他国家的现成经验，特别是发达国家的普遍做法，已经成为我国政府重要决策形成过程的重要一环。"三人行必有我师"是我国传统文化的重要内容，更何况我国作为发展中国家，将发达国家的现成经验（也包括教训）拿来为我所用，肯定比我们从头做起要快捷得多，这正是我们的后发优势之所在，而且在我们决策过程中借鉴发达国家的经验做法，会大大提升我们的决策效率，减少无休止的争论甚至是对改革的阻力。反映在教育投入保障上，发达国家的教育投入总量状况、政府教育投入占经济总量的比重、政府教育投入的主要方向、政府教育投入分配的公平和效率关系的处理方式、学费标准的形成规则与调整频率、义务教育阶段的长度与政府注资方式、国家对教育市场的参与途径、政府教育投入责任在不同层级政府之间的分配等，都是我国的学习内容。我们应该更加系统、广泛地搜集、整理国外有关教育投入的各种资料，进行仔细研究，详细解剖，吸收其可以为我所用的经验，去除隐含的一些糟粕，必要时可以进行必要的试点，形成适合我国特点的教育投入规范。

参 考 文 献

［1］菲利普·G.阿特巴赫，简·莱特，别敦荣等．高等教育国际化的前景展望：动因与现实［J］．高等教育研究，2006（1）：12－21.

［2］曾天山，邓友超，杨润勇．义务教育均衡发展是实现教育公平的基石［J］．当代教育论坛：学科教育研究，2007（1）：5－16.

［3］陈静漪．中国义务教育经费保障机制研究——机制设计理论视角［D］．东北师范大学，2009.

［4］陈小安．准公共产品供给与定价的理论和实践研究［D］．西南财经大学，2002.

［5］陈晓宇．我国教育经费结构：回顾与展望［J］．教育与经济，2012（1）：21－28.

［6］陈晓宇．中国高等教育成本分担的理论与实践［C］．2004.

［7］程红艳．义务教育免费政策和基础教育均衡发展［J］．教育与经济，2009（2）：16－20.

［8］高如峰．义务教育公共投资水平和效益的国际比较［J］．教育研究，2002（6）：9－11.

［9］高如峰．中国农村义务教育财政体制的实证分析［J］．教育研究，2004（5）：3－10.

［10］龚六堂．公共财政理论［M］．北京大学出版社，2009.

［11］顾昕，周适．中国公共教育经费投入与支出的现实审视［J］．河北学刊，2010，30（3）：9－14.

［12］韩丽娜．西方公共产品理论发展的逻辑与方向［J］．商业经济研究，2013（26）：88－89.

[13] 韩梦洁，张德祥．美国高等教育结构变迁的市场机制［J］．教育研究，2014（1）：124－131．

[14] 韩梦洁，张德祥．美国高等教育制度的传承、变革与启示［J］．中国高教研究，2014（1）：39－44．

[15] 何伍吉，胡先云．论英国义务教育法规的演进及启示［J］．教学与管理，2009，21（28）：77－79．

[16] 黄崴，苏娜．发达国家义务教育经费投入体制比较及其对我国的启示——以美、英、法、日为例［J］．比较教育研究，2009，31（10）：80－85．

[17] 托马斯·霍布斯．利维坦［M］．中国政法大学出版社，2003．

[18] 霍冉．20 世纪 90 年代以来民国教育史研究综述［J］．华中人文论丛，2011（1）．

[19] 季俊杰．试析教育产品属性与学费定价的关系——以中职教育免费政策为例［J］．教育发展研究，2010（3）：23－27．

[20] 贾汇亮，刘清华．我国教育投资在三级教育中的分配与教育公平［J］．教育探索，2003（12）：52－54．

[21] 江赛蓉．英国教育福利制度的变迁及其启示［J］．外国教育研究，2012（7）：9－12．

[22] 蒋义．4%：公共教育支出占 GDP 比重必须达到的分配规律——基于世界各国教育投入历史数据的比较分析［C］．2010．

[23] 蓝琳．城市义务教育免费性背景下的家庭教育支出因素分析与研究［J］．文教资料，2013（7）：108－109．

[24] 李保强，马婷婷．公共教育服务的概念及其体系架构分析［J］．教育理论与实践，2014（7）：35－38．

[25] 李秉中．我国教育经费支出的制度性短缺与改进路径［J］．教育研究，2014（10）：41－47．

[26] 李德显，师婕．三级教育公共支出分配结构的合理性分析［J］．辽宁师范大学学报（社会科学版），2014（1）：71－78．

[27] 李明．高等教育成本分担之我见［J］．科技信息，2009（7）：80－81．

［28］李娜．义务教育免费后的发展形势及挑战［J］．学理论，2014（11）：180－181．

［29］刘红灿．对政府事权及支出责任的研究［D］．财政部财政科学研究所，2014．

［30］刘佳丽，谢地．西方公共产品理论回顾、反思与前瞻——兼论我国公共产品民营化与政府监管改革［J］．河北经贸大学学报，2015，192（5）：11－17．

［31］刘静茹．我国高等教育成本分担的问题及对策研究［D］．湖北大学，2011．

［32］刘锡田．制度性公共物品的特征和作用［J］．财政研究，2005（9）：12－14．

［33］刘彦伟，文东茅．义务教育年限的国际比较［J］．教育科学，2006，22（5）：16－20．

［34］柳光强，邓大松，祁毓．教育数量与教育质量对农村居民收入影响的研究——基于省级面板数据的实证分析［J］．教育研究，2013（5）：20－29．

［35］龙源．我国非义务教育产品供给中政府职能研究［D］．湖南师范大学，2009．

［36］卢绍稷．中国现代教育［M］．商务印书馆，1934．

［37］陆庭瑶．中国与德国教育制度上的差异及其历史因素研究［J］．商业经济，2012（10）：89－90．

［38］牛征．关于中国教育投资研究的分析［J］．教育与职业，2006（17）：5－8．

［39］平新乔．斯蒂格利茨《经济学》第二版导读［M］．中国人民大学出版社，2001．

［40］沈百福，王红．2000～2002年我国义务教育完成率和义务教育经费问题分析［J］．教育发展研究，2003，23（9）：1－6．

［41］亚当·斯密．国民财富的性质和起因的研究［M］．新世界出版社，2007．

［42］孙志军，杜育红．中国义务教育财政制度改革：进展、问题与建议［J］．华中师范大学学报（人文社会科学版），2010，49（1）：113－119.

［43］天野郁夫，陈武元．高等教育大众化：日本的经验与教训［J］．高等教育研究，2006（10）：17－25.

［44］王剑波，李雪征，杨和亭．我国高等教育筹资体制的变迁及挑战［J］．山东社会科学，2012（5）：157－161.

［45］王淑芬，赵学珍．我国教育与经济发展关系的分析与评价［J］．统计与决策，2010（2）：123－124.

［46］王欣双．中国教育供给的公平与效率问题研究［D］．东北财经大学，2011.

［47］闻紫羽．我国高等教育收费标准问题探讨［J］．现代商贸工业，2010（16）：93－94.

［48］武彦民，李明雨．关于财政分配对教育公平基础性作用的实证分析［J］．现代财经，2010（2）：3－9.

［49］武彦民，刘健，段玉平．民间主导型：我国高等教育筹资模式的必然选择［J］．现代财经，1998（1）：11－16.

［50］肖凌．论法国教育立法及其对我国教育发展的启示［J］．黑龙江高教研究，2007（11）：107－109.

［51］休谟著，关文运．人性论［M］．商务印书馆，1980.

［52］杨明．欧洲教育一体化初探［J］．比较教育研究，2004，25（6）：76－80.

［53］杨伊．浅论公共财政框架下教育产品属性［J］．江西科技师范大学学报，2004（3）：55－56.

［54］岳昌君．高等教育人口比重的国际比较［J］．比较教育研究，2004，25（2）：11－15.

［55］岳昌君．中国高等教育财政投入的国际比较研究［C］．2009.

［56］张德祥．1998~2007年中国高等教育结构发展变化的制度分析［J］．中国高教研究，2009（12）：1－7.

［57］张文剑，陈复华等．教育结构调整与经济发展的关联分析［J］．教

育与经济，2002（1）：36 – 40.

　　[58] 张元隆. 民国教育经费制度述论 [J]. 安徽史学，1996（4）：65 – 68.

　　[59] 周群英，徐宏毅，胡绍元. 高等教育国际竞争力比较研究 [J]. 武汉理工大学学报（社会科学版），2010，23（6）：903 – 908.

　　[60] 朱沙. 政府保障高等教育公平的财政政策研究 [D]. 西南财经大学，2010.

　　[61] 庄西真. 德国教育改革的思想及其对我们的启示 [J]. 江苏理工学院学报，2002，8（1）：36 – 40.

　　[62] 宗占国. 美国高等教育投入体制对我国高等学校办学经费来源多样化的启示 [J]. 吉林师范大学学报（人文社会科学版），2004，32（6）：102 – 105.

　　[63] 陈平路，毛家兵，侯俊会. 政府教育投入对宏观产业经济和居民生活福利动态影响分析 [J]. 管理评论，2018（11）.

　　[64] 郭凤英. 我国的政府教育支出与经济增长——基于1980～2011年的数据分析 [J]. 技术经济与管理研究，2013（12）.

　　[65] 李祥云，张建顺. 公共教育投入对学校教育结果的影响——基于湖北省70所小学数据的实证研究 [J]. 中南财经政法大学学报，2018（6）.

　　[66] 钟沁溢. 对我国各省份教育发展水平的对比研究 [J]. 课程教育研究，2017（42）.

　　[67] 陈纯槿，郅庭瑾. 世界主要国家教育经费投入规模与配置结构 [J]. 中国高教研究，2017（11）.

　　[68] 任毅，高聪聪. 基于DEA模型的重庆市高等教育投入与产出效率分析 [J]. 经济研究参考，2017（61）.

　　[69] 荣长海，白燕，麦青. 天津市学前教育财政投入现状与发展研究 [J]. 天津市教科院学报，2017（5）.

　　[70] 浦小松. 经济增长、教育投入及反馈效应——基于面板向量自回归模型的研究 [J]. 现代教育管理，2017（10）.

　　[71] 于博，杨旭. 四川、陕西高校"双一流"建设及对天津高等教育发

展的启示［J］. 天津市教科院学报，2016（6）.

［72］ Buchanan J. M. An Economic Theory of Clubs ［J］. Economica. 1965，32（125）：1 – 14.

［73］ Samuelson P. A. The Pure Theory of Public Expenditure ［J］. Review of Economics & Statistics. 1954，36（4）：387 – 389.

［74］ Samuelson P. A. Diagrammatic Exposition of a Theory of Public Expenditure ［J］. Review of Economics & Statistics. 1955，37（4）：350 – 356.